HISTOIRE

ANCIENNE,

OU

PREMIÈRE PARTIE

DE

L'HISTOIRE

DES

HOMMES.

HISTOIRE

DES

HOMMES,

OU

HISTOIRE

NOUVELLE

DE TOUS LES PEUPLES

DU MONDE,

PARTIE DE L'HISTOIRE ANCIENNE.

TOME IX.

A PARIS,

M. DCC. LXXXI.

Avec Approbation, & Privilége du Roi.

PRÉLIMINAIRES

A L'HISTOIRE

DES ÉGYPTIENS.

Jusqu'ici nous n'avons trouvé qu'un petit nombre de matériaux, pour élever l'édifice que nous avons confacré à faire connaître les Hommes.

Notre monde primitif, quelque étendu qu'il paraiffe, n'eft guère compofé que de pierres d'attente qui ferviront aux générations futures, à lier l'hiftoire du globe naiffant avec celle du globe dans fa décrépitude.

Nous avons très-peu d'ouvrages originaux fur les Affyriens & fur

les Perſes ; encore la plupart d'entr'eux ne nous ſont arrivés que
mutilés, ſe contrediſent & repaiſ-
ſent de fables la crédulité humaine,
au lieu de prêter, par un choix
heureux de faits, un aliment éternel à la raiſon des ſiecles.

L'Hiſtoire des Phéniciens eſt encore plus imparfaite. La jalouſie
des Nations a anéanti la plupart des
monumens qui pouvaient nous faire
connaître ce peuple inſtituteur de la
terre. Un ſilence profond règne dans
toute l'antiquité, quand il s'agit de
décrire ſes navigations hardies, ſon
ſiècle de lumière & ſes conquêtes ;
les Hiſtoriens ne ſe réveillent qu'à
la priſe de Tyr, & lorſque le Co-
loſſe de grandeur élevé par ſes
habitans eſt briſé par Alexandre.

Il nous reſte encore un peuple

dont les annales font à demi enveloppées de nuages; enfuite nous ne trouverons plus qu'une route battue par les Philofophes. Les faits feront mieux choifis, les évènemens feront plus liés entr'eux, les traits des hommes qui ont joué un rôle feront deffinés avec plus de vigueur, & la plume d'un Tacite pourra fe confacrer à l'Hiftoire.

Ce peuple a demi perdu dans les nuages de l'antiquité, dont il nous refte à débrouiller les annales, c'eft celui d'Egypte. Les Grecs qui nous les ont tranfmifes ne les tenaient que des Prêtres d'Héliopolis, les plus préfomptueux des hommes, & portés, foit par leur caractère, foit par leurs principes, à en impofer à leurs contemporains & à la poftérité.

Ce font cependant ces impofteurs facrés qui paraiffent avoir fixé le jugement des fiècles fur leur nation ; ils ont dit : nous fommes les plus anciens des hommes, nous en fommes auffi les plus riches & les plus fages ; & la terre crédule a répété : l'Egyptien eft le plus ancien des hommes, il en eft auffi le plus riche & le plus fage.

Voyons en filence fi les faits répondent à cette haute idée qu'on nous donne de la Monarchie des Pharaons. Entre la terre qui affirme & le Philofophe qui doute, il ne peut y avoir de juge que les faits.

Les favantes conjectures des Hiftoriens, leurs éloges adulateurs, leurs critiques plus vaines encore, difparaiffent bientôt fur le fleuve de l'oubli; les faits seuls surnagent, & l'homme de tous les siècles est apprécié.

Ce choix heureux de faits qui constitue la raison de l'Histoire, nous a déja éclairé sur le vrai caractère de Cyrus & de tous les hommes de son espèce qui ont usurpé les hommages des générations; nous avons brisé avec indignation le piédestal sur lequel reposaient leurs statues; & l'homme droit qui daigne nous lire, a rougi d'avoir, sur la foi d'antiques Romans philosophiques, prostitué son encens à des monstres aussi ennemis du genre humain qu'Arimane ou le Saturne de Carthage.

Mais l'Historien des Hommes ne doit pas se borner à mutiler quelques statues de faux-Dieux: il est d'autres exemples de courage qu'il doit donner à ses comtemporains ; si une nation entière a envahi une renommée qui ne lui appartenait pas, il l'en dépouillera, & cette faulx de Tarquin avec laquelle il a abattu quelques tiges orgueilleuses, il la fera servir à dévaster en entier un champ qui ne porte que des fruits d'erreur & de mensonge.

L'Historien doit la vérité aux races d'hommes comme aux individus : il est aussi coupable quand sa plume timide n'ose dévouer à la haine publique une nation qui s'est jouée vingt siècles de notre crédulité, que quand dans les accès de son délire il viole la tombe vénérable des Titus & des Marc-

Aurèle, pour affimiler leur cendre avec celle des fcélérats auxquels il reffemble.

Démêler dans les Ecrivains de l'antiquité le motif fecret qui a captivé leur plume ou qui l'a rendue licentieufe ; juger les faits par les hommes & les hommes par les faits ; tirer du choc des opinions contradictoires l'étincelle de vérité qu'on cherche ; dire cette vérité avec courage , foit fur les Empires, foit fur leurs Légiflateurs ; enfin faire dériver de tant de recherches & de tableaux une morale univerfelle pour le genre humain : voilà le but que nous nous fommes propofé & l'efprit dans lequel eft compofé notre Ouvrage.

Cette hiftoire de l'antiquité qui

d'ailleurs n'eſt faite que d'après les originaux, manquait, nous oſons le dire, à la nation ; & ſi l'édifice dont nous avons jetté les fondemens, s'élève jamais juſqu'à ſon comble, nous nous flattons qu'il pourra nous ſurvivre.

On nous pardonnera peut-être ce mouvement de fierté, quand on obſervera que cet Ouvrage eſt né dans le ſein des contradictions, qu'aucune ſecte ne l'avoue, qu'aucune trompette littéraire ne le prône, qu'aucun Mécène ne le protège, & qu'il n'eſt entraîné que par ſon propre poids vers la gloire ou vers l'oubli.

Oui, un ſecret preſſentiment dont nous ne pouvons nous défendre, nous annonce que l'Hiſtoire des Hommes ſera citée avec quelque diftinction, du moins quand nous ne ferons plus. On s'appercevra que c'eft le feul ouvrage de ce genre qu'on ait fongé à appuyer fur une bafe; que c'eft le feul où l'on ait tenté de réunir aux détails d'architecture un plan général qui les enchaîne; que les principes en font faits pour refferrer fur le globe entier les nœuds du pacte focial, & que tout y refpire l'amour de l'ordre, le defir de faire des heureux, & l'enthoufiafme pour la vertu.

L'homme de génie viendra, & il lui fera aifé fans doute de nous effacer: mais il refpectera notre plan, lors même qu'il croira devoir s'en écarter; il n'élèvera fon monument qu'avec les débris du

nôtre ; & , grace aux fleurs qu'il
jettera fur notre tombe , notre
nom quoiqu'éclipfé , ira encore
avec le fien à l'immortalité.

POPULATION

D E

L'AFRIQUE (*a*).

NE perdons pas de vue nos principes
fur la population fucceffive du globe;

(*a*) Cette note aride ne convient qu'aux
Amateurs des étymologies.

Les Grecs donnaient à l'Afrique les noms
d'Olympie, d'Océanie, d'Ammonide, d'Hefpérie, d'Ethyopie, &c. Comme ils ne connaif-
faient qu'une partie de cette vafte région,
il ne leur appartenait pas de la nommer.

Les Romains, pendant un tems, prirent
auffi la partie pour le tout, & appellèrent l'un
& l'autre Libye.

Le mot d'Afrique ne remonte guères plus

& rappellons-nous toujours, à mesure que nous parcourons les histoires individuelles des Peuples, qu'il y a une chaîne philosophique qui les lie entr'elles & qui les rassemble.

---

haut que les beaux tems de la République Romaine ; mais quelle en est l'étymologie ?

Les Commentateurs de la Bible qui ne connaissent que l'Hébreu, font dériver Afrique d'*Aphar*, qui signifie poussière, à cause de ses déserts de sable.

Bochart, enthousiaste du Phénicien, trouve Afrique dans *Feruch*, (épi de bled) à cause de la fertilité de ses côtes.

Le Grammairien Festus veut que l'*a* privatif des Grecs, & leur mot *frikè*, qui veut dire froidure, soit l'origine d'Afrique ; comme pour dire que cette région dont la plus grande partie est située sous la zône torride, est exempte de froidure. Ce qui n'était pas difficile à démontrer.

Je ne crois pas plus à Afer, fils de l'Hercule Libyen, qui, suivant les Romains, donna son nom à l'Afrique.

L'étymologie la plus vraisemblable à mon

Déja dans nos recherches fur le Monde primitif, nous avons fait paffer du Caucafe en Afrique, par l'intermède du Liban, cette nation antérieure que la difette de monumens nous a obligés d'appeller Atlantes; nous lui avons fait peupler à une époque inacceffible à la chronologie, cette vafte chaîne des monts Atlas qui s'étend depuis la mer Rouge jufqu'au détroit de Gibraltar.

Mais nous avons fait obferver en même-tems que quand le peuple de l'Atlas put defcendre dans les plaines, devenues libres par la retraite de l'Océan, il y avait long-tems que le peuple du Caucafe s'était répandu dans les régions fortunées qu'arrofent le Tigre,

---

gré eft celle des Arabes qui la tirent du mot *Faruch*, qui dans leur langue fignifie féparation : il eft certain que, dans le monde primitif, l'Afrique était féparée de tout côté de notre Continent , & encore aujourd'hui elle n'y tient que par l'ifthme de Suez.

le Gange & l'Euphrate. L'Asie s'est vue couverte de villes florissantes bien des siècles avant l'Afrique & l'Europe. Cette Asie est vraiment le berceau des hommes, dans toutes les histoires & dans toutes les religions.

Tous les peuples de l'Afrique descendent de l'antique colonie qui cultiva originairement les hauteurs de l'Atlas. Cette montagne célèbre que les traductions Orientales représentent comme le mur intermédiaire qui unit le plateau de la terre à la voûte des cieux, fut le centre d'où partirent tous ces essains de héros qui conquirent leur patrie sur l'Océan en desséchant les vastes plaines qui la bordent, d'un côté jusqu'au golphe de Tunis, & de l'autre jusqu'au cap de Bonne-Espérance.

Voici le moment de faire connaître cet Atlas qui forme la charpente de la grande péninsule de l'Afrique.

On appelle grand Atlas la chaîne principale qui partage l'Afrique, comme

le Caucafe divife l'Afie, & les Alpes
l'Europe. Il prend fon origine dans ce
que nous nommons la Marmarique, &
s'étend en divers fens entre la Barbarie
& le Biledulgerid; quoiqu'il paraiffe fe
rompre en quelques endroits, on recon-
naît toujours fa direction d'un côté jufqu'aux côtes de Mafra, à environ 40
lieues d'Alexandrie, & de l'autre jufqu'au rivage Occidental de la mer Atlantique.

Le Petit Atlas s'étend le long des
côtes de la Méditerranée & touche au
mont Abyla, dont les Anciens ont fait
une colonne d'Hercule.

Toutes les montagnes de l'Afrique
communiquent directement ou indirec-
tement avec la chaîne des deux Atlas;
telles font les hauteurs inacceffibles du
Congo, auxquelles nos Voyageurs ont
donné les noms de Mont de Cryftal,
de Mont de Salpêtre & de Mont du
Soleil; telles font encore les montagnes d'Amarra dans l'Abyffinie, & fur-

tout les monts de la Lune situés entre le tropique du Capricorne & le cap de Bonne-Espérance, dont la cime formée de rochers amoncelés est couverte de neiges éternelles.

L'Afrique, à la première époque de sa population, dut être couverte de lacs, restes fétides & mal-sains, de la retraite des mers. Peu-à-peu les travaux des hommes, l'haleine brûlante des vents & les feux du Soleil desséchèrent ces vastes réservoirs d'eaux stagnantes; & ce sont aujourd'hui des plaines de sable qui leur ont succédé. Le seul lac Africain dont l'antiquité paraisse avoir conservé la mémoire, est le lac Tritonide, voisin de l'Isle d'Hespérie, patrie des premières Amazones. Linschot croit qu'il subsiste encore sous le nom de lac de Zaïre. Pour nous, conduits par des monumens historiques, nous marquons sa place dans les sables du Désert, qui sépare le mont Atlas de l'Ethyopie; & nous sommes persuadés que depuis un grand nombre de siècles, le lac, l'isle & les femmes guerrières qui l'habitaient, tout a disparu.

Le tems destructeur qui a anéanti la trace des lacs de l'Afrique, a un peu plus épargné ses rivières.

Ptolémée (*a*), celui des Anciens à qui l'intérieur de l'Afrique était le mieux connu, parle d'abord du Gir, dont il fixe la source dans la Vallée des Garamantes, aujourd'hui Goram, & qui après avoir subi plusieurs dérivations, allait se perdre dans une contrée de Gira, que la Géographie moderne fait connaître sous le nom de Bournou ; ce Gir est le Nil des Nègres.

Le Niger des Anciens n'a pas changé de nom : il a au contraire donné le sien à la Nigritie. Ses débordemens réglés dans la même saison que le Nil, ont fait croire que ce fleuve était une éma-

---

(*a*) *Géograph.*, lib. 4, cap. 6.

nation de celui qui féconde l'Egypte ; mais si, comme la physique semble l'indiquer , les débordemens des rivières d'Afrique viennent des pluies qu'amène le soleil, quand il passe de l'équateur au tropique du Cancer, la cause de ces crues prodigieuses étant commune au Niger comme au Nil, on peut en expliquer l'époque, sans confondre deux fleuves séparés par d'aussi grands intervalles.

Le Niger, suivant Ptolémée, s'étend d'Orient en Occident dans un espace de 24 degrés de longitude ; & le Géographe Edrisi, pour remplir cet intervalle , place son embouchure à cette partie de l'Océan Atlantique que les Orientaux appellent la mer Ténébreuse (*a*). Mais cette interprétation qui tendrait à faire du Sénégal une prolongation du Niger, n'est point exacte. Il

____

(*a*) *Climatis I*, part. 3, & 4.

faut plier le texte de Ptolémée aux faits, & non pas les faits au texte de Ptolémée.

Le Sénégal, très-diftingué du Niger, eft évidemment le Darad des Anciens. Ce fleuve dont notre Naturalifte Adanfon a fi bien fait connaître l'entrée, avait été perdu pour l'Europe pendant long-tems. Il fut retrouvé par les Portugais vers le milieu du quinzième fiècle.

Un ferpent que l'armée de Régulus fut, dit-on, contrainte d'attaquer en forme, a rendu célèbre un fleuve de Bagrada (aujourd'hui Mejerda) qui fe jette dans la mer, vers les ruines d'Utique & de Carthage.

Le Nil eft de tous les fleuves de l'Afrique & peut-être du globe, celui qui mérite le plus d'occuper les regards des Philofophes, mais fon hiftoire eft trop liée à celle de l'Egypte pour la tranfporter dans ces préliminaires.

En général la géographie de l'Afrique

n'a jamais été bien connue de l'antiquité à cause de la perfuafion où elle
était que l'homme ne pouvait habiter
la zône torride. Pline qui à cet égard
eft l'interprète de tous les fiècles qui
l'ont précédé, s'exprime ainfi : » Les
» deux zônes qui touchent chacune à
» l'une des extrémités de la Terre qu'on
» appelle le Pôle Auftral & le Pôle
» Septentrional, ne produifent que des
» glaçons & font de ces contrées le féjour
» éternel des frimats : ce font par-tout
» des ténèbres perpétuelles dont l'in-
» fluence maligne n'eft jamais corrigée par
» l'afpect bienfaifant des fignes qui nous
» éclairent. Quant à la partie du globe
» fituée fous la zône du milieu qui
» eft celle où le foleil fait fa route,
» inceffamment brûlée par le voifinage
» de cet aftre, & confumée par fes
» flammes, c'eft à jufte titre qu'on lui
» donne le nom de torride. A droite
» & à gauche de cette ceinture brû-
» lante & entre les deux extrémités

» glaciales, il reste uniquement deux
» zônes tempérées ; encore le passage
» de l'une à l'autre est-il impraticable
» à cause de l'incendie qui règne dans
» le ciel constellé d'un bout à l'autre
» de la ligne. Si donc on conçoit la
» terre divisée en quatre parties, il est
» clair que le ciel à lui seul en retran-
» che trois (*a*).

Si on en croyait le Pline de la France,
dont l'imagination brillante semble toujours créer les objets que sa plume décrit, on serait tenté de supposer cette
zône torride aussi inhabitable aujour-
d'hui que sous les Césars. Voici les phrases vraiment éloquentes que ce Philosophe nous donne, à propos du chameau.

» Qu'on se figure un pays sans ver-
» dure & sans eau, un Soleil brûlant,
» un ciel toujours sec, des plaines sa-
» blonneuses, des montagnes encore

______

(*a*) *Histor. Natur.*, lib. 2, cap. 68.

» plus arides fur lefquelles l'œil s'étend
» & le regard fe perd fans pouvoir s'ar-
» rêter fur aucun objet vivant ; une
» terre morte, & pour ainfi dire écor-
» chée par les vents, laquelle ne pré-
» fente que des offemens, des cailloux
» jonchés, des rochers debout ou ren-
» verfés ; un défert entièrement décou-
» vert, où le Voyageur n'a jamais ref-
» piré fous l'ombrage, où rien ne l'ac-
» compagne, rien ne lui rappelle la
» nature vivante : folitude abfolue mille
» fois plus affreufe que celle des forêts ;
» car les arbres font encore des êtres
» pour l'homme qui fe voit feul ; plus
» ifolé, plus dénué, plus perdu dans
» ces lieux vuides & fans bornes, il voit
» par-tout l'efpace comme fon tombeau ;
» la lumière du jour, plus trifte que
» l'ombre de la nuit, ne renaît que
» pour éclairer fa nudité, fon impuif-
» fance, & pour lui préfenter l'horreur
» de fa fituation, en reculant à fes yeux
» les barrières du vuide, en étendant

» autour de lui l'abyme de l'immensité
» qui le sépare de la terre habitée :
» immensité qu'il tenterait en vain de
» parcourir, car la faim, la soif & la
» chaleur brûlante pressent tous les ins-
» tans qui lui restent, entre le désespoir
» & la mort (*a*).

Malgré ce morceau d'Epopée, nous savons par les Nègres du Sénégal que le centre de l'Afrique est habité jusques sous la ligne : il l'était sûrement encore plus dans les siècles antérieurs à Pline ; alors des forêts pouvaient s'élever sur la terre végétative de ses montagnes, aujourd'hui bornées au rocher qui leur servait de noyau. Car il est bien démontré par les faits que notre globe va toujours en s'échauffant ; la nature, de son burin éternel, a gravé cette vérité sur tous les monumens que le tems respecte ; & la postérité y lira à jamais

------

(*a*) *Histoire Naturelle*, pet. édit. complette, tome 22, pag. 298.

le néant des syſtêmes qui la contrediſent.

Les Anciens qui refuſaient des hommes à l'intérieur de l'Afrique, la peu-
plaient d'animaux fort étranges : d'élé-
phans qui écrivaient en Grec & qui ado-
raient le Soleil ; de lions que la nudité
parfaite d'une femme mettait en fuite ;
de jumens de Libye qui concevaient par
le ſifflement ; d'hyenes, de ſphinx, de li-
cornes, &c. Ce n'eſt pas ſeulement Elien,
c'eſt Pline, c'eſt Ariſtote qui ſe jouent
ainſi de notre crédulité ; & nous devons avoir le courage de le dire, pour
qu'on ceſſe de balancer l'autorité de la
nature par celle des grands hommes.

L'Afrique n'a commencé vraiment à
être connue, que depuis que les Naviga-
teurs Portugais ont oſé doubler ce fameux cap des Tempêtes qui la termine
du côté de l'Océan Atlantique. Alors
l'appât de l'or rendant plus active la
ſoif des découvertes, on alla juſques
ſous la ligne acheter, à vil prix, des

Nègres, un sable métallique que la cu-
pidité des Européens leur apprit à ne
plus dédaigner. A cette époque, l'œil
avide du Commerçant devint, malgré
lui, naturaliste ; à force de lutter avec
les quadrupèdes terribles qui régnaient
dans les déserts de la zône torride, on
apprit à les dépeindre ; les végétaux qui,
comme on le sait, sont le triomphe de
la nature dans cette partie du globe,
après avoir servi à appaiser la faim dé-
vorante des hommes audacieux qui s'en-
gageaient dans ces régions embrasées,
devenaient l'objet de leurs expériences,
& commençaient à pouvoir être classés
par les Physiciens (a). Mais n'intervertis-
sons point l'ordre des faits, & ne dé-

(a) Au seul cap de Bonne-Espérance, le
Docteur Thunberg, disciple du fameux Von-
Linné, vient de rassembler mille plantes abso-
lument inconnues aux Botanistes. Voyez le
dernier Voyage de Cook, *dans l'hémisphère
Austral*, édit. in-8°., tom. 1, pag. 132.

crivons pas l'Afrique des Gama , avant celle des Strabon , des Pline & des Ptolémée.

DE QUELQUES

NATIONS AFRICAINES

DONT IL RESTE DES TRACES DANS LES ÉCRITS DE L'ANTIQUITÉ.

ON ne peut nier que les Anciens n'aient fait le tour de l'Afrique. La fameuse navigation des Phéniciens sous le Pharaon Nechao, celle d'Eudoxe sous les Ptolémées, le Périple d'Hannon, tout atteste que les côtes de cette vaste péninsule leur étaient connues ; mais ils avaient peu songé à pénétrer dans l'intérieur des terres ; aussi ils ne parlaient des peuples qui les habitent que par conjectures. La population des régions voisines de la zône torride était pour eux ce qu'est pour nos Fontenelle la population de Saturne.

A l'époque où Rome étendit ses bras

destructeurs autour du globe, elle ne comptait dans l'Afrique que les six contrées qu'elle venait de subjuguer. C'étaient l'Afrique proprement dite, où se trouvaient Tunis & Carthage, la Province Consulaire de Tripoli, la Numidie, l'Egypte & les deux Mauritanies : le reste n'existait pas pour les hommes, parce qu'il n'existait pas pour elle.

Ptolémée qui écrivait moins pour Rome que pour toute la terre, est le seul des Anciens qui ait un peu agrandi la sphère de la population en Afrique; il y compte douze régions habitées par des nations florissantes ; mais il paraît que les pays situés au-delà du sixième degré de latitude méridionale lui étoient inconnus ; & il semble en faire l'aveu quand il dit que jusqu'au Pole Antarctique il n'y a que 64 degrés de terres inaccessibles aux découvertes.

Méla est le Géographe de l'antiquité qui me semble avoir le plus déraisonné sur l'Afrique.

Je confens que fes *Atlantes* commencent & terminent leurs journées, par leurs blafphêmes contre le foleil (*a*).

Je veux croire que fes *Troglodytes* fifflent plutôt qu'ils ne parlent ; qu'ils habitent dans des cavernes, & que des ferpens foient leur nourriture (*b*).

Je ne difcuterai même pas s'il pouvait y avoir un peuple de *Garamantes* chez qui la communauté des femmes était établie, & où un père n'adoptait pour fon fils que l'enfant qui avait fa reffemblance (*c*).

(*a*) Je me crois toujours obligé de citer les textes des Anciens quand ils prêtent évidemment à la critique des Modernes. *Atlantes,* dit Méla, *folem exfecrantur, & dum oritur & dum occidit, ut ipfis agris que peftiferum.* Voy. *De fitu orbis,* lib. 1, cap. 8.

(*b*) *Troglodita ftrident magis quam loquuntur, fpecus fubeunt, aluntur que ferpentibus.* Voy. *De fitu orbis,* loc. citat.

(*c*) *Apud Garamantas, nulli certa uxor eft; ex his qui tam confufo parentum coïtu paffim*

Mais affurément une nation de demi-bêtes & de demi-hommes, nommés *Satyres* & *Ægipans* (*a*) n'a jamais exifté que fous la plume du Géographe Méla ou du Poète des Métamorphofes.

Il y a encore moins eu de *Blemmyes* que d'Ægipans. Ces Blemmyes de Méla n'avaient point de tête & portaient leurs vifages fur leur poitrine (*b*).

Si quelque chofe peut étonner encore, après de pareils contes, c'eft que Pline, le Philofophe Pline, les rapporte prefque dans les mêmes termes dans fon Hiftoire Naturelle (*c*). Il ajoute même à la crédulité de Méla,

---

incerti que nafcuntur, quos pro fuis colant, forma fimilitudine agnofcunt.

(*a*) *Intra, fi credere licet, vix jam homines, magifque femiferi Ægipanes. . . . Satyris præter effigiem, nihil humani.* Voy. lib. 1, cap. 4 & 8.

(*b*) *Blemmyis capita abfunt : vultus in pectore eft.* Vide cap. 8.

(*c*) Lib. 5, cap. 8

en admettant des *Himantopodes* qui ne marchent qu'à la façon des reptiles. Ces fables compilées du Pline de Rome ne valent pas les fables imaginées du Pline de Paris, fur la queue de comète qui forma notre fyftême folaire, & fur l'âge des planètes.

Au refte il ne faut pas s'étonner que des Romains qui fe croyaient les maîtres de toute la partie du globe habitée par des êtres intelligens, peuplaffent celle où ils ne dominaient pas, d'hommes quadrupèdes, d'hommes ferpens & d'hommes fans tête.

Cependant, malgré cette ignorance fyftématique des Anciens fur la population de l'Afrique, il leur échappait de tems en tems des traits de lumières, qui, s'ils avaient eu moins de préjugés, auraient fervi à rectifier leur abfurde géographie. Tâchons de raffembler ces traits de lumière épars, dans un feul foyer.

L'AFRIQUE, proprement dite eft enveloppée de la mer de deux côtés ; à l'Orient , depuis le fond de la petite Syrte jufqu'au promontoire d'Hermès, aujourd'hui le cap Bon ; & au Nord , depuis cette dernière pofition jufqu'aux confins de la Numidie. Ptolémée étend l'Afrique jufqu'au golphe de la grande Syrte , vers le monument connu fous le nom d'*Autels des Philènes* : Carthage fubjugua peu-à-peu tous les peuples qui habitaient cette contrée , & nous renvoyons leur hiftoire à celle de cette République.

La Numidie répond à notre royaume d'Alger. On voyait encore du tems de Méla , dans cette partie de l'Afrique, des traces de l'ancien féjour de la mer, des rochers qui annonçaient par leur forme une réfiftance vaincue par les flots, des débris d'ancres & des dépouilles de coquillages (a). Trois Princes ont rendu

(a) *Interius & longè fatis a littore (fi fides rem capit) mirum ad modum fpinæ pifcium, muricum, oftreorum que fragmenta, faxa attrita*

cette région célèbre : Massinissa., Syphax & Jugurtha ; mais comme elle ne fournit guères qu'un moment brillant dans l'histoire, qui est celui de sa conquête, nous ne séparerons point ses annales de celles des Romains.

La MAURITANIE mérite encore moins une histoire particulière que la Numidie. Juba qui l'a illustrée, ne fut souverain que par la grace d'Auguste. Cet état sous l'empire de Claude rentra sous la domination Romaine, & fut partagé en deux gouvernemens, la Mauritanie Césarienne & la Tingitane. Tanger, Fez & Maroc, répondent à une partie de la Mauritanie de Juba ; ainsi elle n'était bornée du côté de l'Océan Atlantique que par le détroit de Gibraltar.

(*uei solent*) *fluctibus, & non differentia marinis, infixæ cautibus anchoræ, & alia ejusmodi signa atque vestigia effusi olim usque ad ea loca pelagi, in campis nihil alentibus esse inveniri que narrantur.* Voy. *De situ orbis,* lib. 1, cap. 6.

Il y a une prolongation de l'Atlas dans la Tingitane ; c'est-là que réfident encore les Berbers , peuple iffu d'une race d'A-fricains , dont l'origine fe perd dans les ténèbres de l'antiquité. Le Maure des plaines ne reffemble , ni par la taille ni par le courage , à ce Maure des mon-tagnes.

Le refte de l'Afrique , connue des an-ciens , demande d'autres détails.

DE LA LIBYE.

LA Libye située au couchant de l'E-gypte, s'étendait jusqu'au golphe de la Méditerranée, connu sous le nom de la grande Syrte. On trouve dans cette con-trée des traces de la marche du peuple primitif; c'est de son sein que sortit Nep-tune, un des héros de ces instituteurs du globe, & celui à qui on dut probable-ment la découverte de l'Atlantide de Platon.

Dans des tems postérieurs, il s'établit au milieu de ses sables un peuple d'Am-mon, tantôt tributaire de l'Egypte & tantôt indépendant, qui éleva à Jupiter un temple célèbre par son oracle, par ses richesses & par ses pélerinages.

C'est dans cet intérieur de la Libye qu'il faut placer les Augiles, nation obscure qui n'eft connue que par une infraction publique des mœurs, autorifée par la coutume qui eft la loi des peuples barbares. Le Géographe Méla dit que les femmes de cette partie de l'Afrique, la nuit de leurs noces, fe proftituent à tous ceux qui achètent leurs faveurs; comme fi c'était un opprobre pour elles d'apporter en dot à un époux leur virginité (a) !

Les Pfylles étaient auffi probablement des Libyens. Toute l'antiquité a cru que ce peuple apprivoifait les ferpens, & guériffait les bleffures que faifaient ces reptiles, en fuçant le venin des plaies.

Les Nafamons anéantirent cette race de bienfaiteurs du genre humain.

(a) Le texte original mérite d'être rapporté : *Feminis eorum folemne eft noôte quâ nubuni omnium ftupro patere, qui cum munere advenerint ; & tum cum plurimis concubuiffe, maximum decus.* Voy. Pompon. Méla, *de fitu orbis*, lib. 1, cap. 8.

Les Nafamons habitaient la Libye Orientale, & leur territoire s'étendait jufqu'à la grande Syrte ; c'était une peuplade de brigands, qui ne connaiffant d'autres droits des nations que leur épée, s'emparaient de tous les navires qui venaient faire naufrage fur leurs côtes, & réduifaient leurs maîtres en efclavage. Leur hiftoire finit, où commence celle de Carthage.

Hérodote en mettant fur la fcène les Nafamons, ne fait que montrer l'ignorance de fon fiècle fur la population de l'intérieur de l'Afrique. » Un jour, dit- » il, Etearque, Roi des Ammoniens, » demanda à des Seigneurs Nafamons » qui étoient venus à fa Cour, fi leurs » concitoyens avaient pénétré dans les » déferts de l'Afrique. Ceux-ci répondi- » rent que cinq jeunes téméraires avaient » été à la découverte ; d'abord ils avaient » parcouru une région cultivée par des » hommes ; enfuite ils avaient paffé dans » des plaines arides qui n'étaient habitées

» que par des bêtes féroces & des monf-
» tres. Les dangers d'un pareil voyage
» n'effrayèrent point leur inexpérience,
» & ils dirigèrent leur route vers l'Occi-
» dent. Après avoir marché plusieurs
» journées au travers d'une plaine em-
» brâfée par les feux du foleil, ils s'ar-
» rêtèrent auprès de quelques arbres
» pour en cueillir les fruits ; alors des
» nains s'offrirent à leurs regards, & les
» conduifirent dans une ville dont tous
» les habitans étaient noirs & d'une taille
» de pygmées. La faibleffe de leur fta-
» ture était réparée par leur habileté dans
» l'art des enchantemens (*a*) «. Ici Hérodote abandonne fes voyageurs pour dif-
ferter fur les fources du Nil, & c'eft une
perte pour les perfonnes qui aiment les
preftiges de la baguette. Au refte, fon
peuple nain a difparu du continent de
l'Afrique ; il n'exifte plus aujourd'hui

(*a*) Hérodote *in Euterpe* , vel. lib. 2.

de Nègres Lapons que parmi les Quimoffes de Madagafcar.

La Libye entière paffa avec l'Egypte fous le pouvoir des Ptolémées ; enfuite Rome y règna, & cette partie de l'Afrique fut alors divifée en deux Provinces, la Marmarique & la Cyrénaïque ou la Pentapole (*a*). C'eft dans ce dernier département qu'était une ville de Bérénice, où une tradition Orientale plaçait le fameux jardin des Hefpérides.

(*a*) Ce font les cinq villes de Cyrène, de Bérénice, d'Arfinoë, de Ptolemaïs & d'Apollonie, qui firent donner à cette Province le nom de Pentapole. Plin., *Hiftor. Natur.*, lib. 5, cap. 5.

DE L'ÉTHYOPIE.

L'Éthyopie est de toutes les régions de l'Afrique qui ne méritent pas une histoire particulière, celle qui doit le plus fixer les regards du Philosophe. Le peuple qu'elle renferme dans son sein, a une généalogie qui se perd dans la plus haute antiquité ; & l'Egypte, malgré la puissance de ses Rois, l'orgueil de ses Prêtres & le faste de ses Pyramides, n'est elle-même qu'une de ses dernières colonies.

Géographie. — La haute Ethyopie ou l'Abyssinie est située entre le Tropique du Cancer & l'Equateur. C'est un pays hérissé de rochers inaccessibles. Des éminences toutes entières de sel fossile, sont les vestiges d'un ancien séjour de l'Océan sur sa surface. Mais à cette époque l'Afrique n'exiftait que par la chaîne de l'Atlas.

La baffe Ethyopie n'eft féparée de l'A-byffinie que par les monts de la Lune, qui communiquent d'un autre côté aux monts Atlas : on voyait encore au fecond âge de cette Monarchie des hommes de fix pieds (*a*); faible refte de la race de géans qui fortit primitivement du Cau-cafe pour peupler l'univers.

La Géographie ancienne de l'Ethyopie nous eft affez peu connue, foit à caufe du filence des Hiftoriens qui devaient en parler, foit à caufe des contradictions de ceux qui n'en parlent que par hafard. Nous ferons courts fur ce fujet, afin que les difcuffions ne produifent pas des vo-lumes.

Si on fuit le cours du Nil en quittant l'Egypte, on rencontre dans la partie de l'Ethyopie que nous connaiffons fous le nom de Nubie, une ville de Premis, au-

------

(*a*) Plin., *Hiftor. Natur.*, lib. 2, cap. 78.

jourd'hui Ibrim qui dépend de l'empire Mufulman. Un peu au-deffus de Premis, & fur une montagne appellée Genadel, quelques Géographes placent la grande Cataracte.

On rencontre enfuite un lieu connu dans l'antiquité pour avoir été le dépôt de la caiffe militaire de Cambyfe , quand ce Conquérant facrilége tenta d'aller piller le temple de Jupiter Ammon.

L'*ærarium Cambyfis* conduit à parler de Méroë bâtie par le même Prince & dont Hérodote fait une des Métropoles de l'E-thyopie (*a*). Diodore la place dans une ifle formée par le Nil, à laquelle il donne 164 lieues d'enceinte (*b*). Mais comme le farouche fucceffeur de Cyrus ne bâ-tiffait point de villes chez les peuples qu'il venait exterminer, on peut douter de l'exiftence de Méroë, ainfi que de l'ifle

---

(*a*) *Euterpe* ou lib. 2.
(*b*) Lib. 1, fect. 1, parag. 19.

de 164 lieues de circonférence formée par un fleuve, qui à cette hauteur, est à peine navigable.

Auxume, aujourd'hui Axum, a une position moins incertaine que Méroë. Les ruines de cette ville chargées d'hyéroglyphes Egyptiens, attestent son ancienne splendeur sous les Pharaons.

On arrivait à Auxume, en partant d'Adulis, près de la mer Rouge, par une ville du nom de Coloë, que notre savant Danville croit être la moderne Dobarua, du nom d'un Prince Abyssin, appellé le *Bahr-Nagash*, ou le Monarque de la contrée maritime (*a*).

Non loin de là on voyait le monument d'Adulis : c'était un trône de marbre chargé d'inscriptions Grecques

---

(a) *Géogr. Ancienne*, tome 3, pag. 52. Le Chapitre de cet ouvrage qui a pour titre : *Æthyopia suprà Ægyptum*, nous a donné beaucoup de lumières sur la géographie de l'Ethyopie.

deſtinées à perpétuer la mémoire des conquêtes du troiſième des Ptolémées en Afrique.

Si de l'intérieur des terres , on revient à la partie maritime de l'Afrique, la ſeule qui fût acceſſible au commerce des Anciens & à leurs armes; on trouve le long de la mer Rouge une terre des Troglodytes dont les peuples habitaient dans des cavernes. Elle fut réunie à l'Egypte ſous Ptolémée Philadelphe.

Le long de cette côte, connue des Anciens ſous le nom de côte d'Habesh, était une ville de Bérénice qui dominait ſur un golphe appellé Immonde, (*ſinus immondus*) ſans doute à cauſe de la vaſe fétide ſur laquelle repoſaient les flots.

On pouvait voir de Bérénice une iſle Topaze, ainſi nommée , de la pierre précieuſe ; mais on changea enſuite ſon nom en celui d'Ophiodes, à cauſe des ſerpens qui l'infeſtaient. On la connaît aujourd'hui fous celui de Zémorgète.

Il ne faut pas confondre la Bérénice du golphe Immonde avec une autre qu'on diftinguait par l'épithète d'*Epidires*, & qui était voifine de la mer Erythrée, ni avec une troifième qui était furnommée *Panchryfos*, ou ville d'or, à caufe des mines de ce métal qu'on exploitait dans le pays, du tems des Ptolémées.

Les mêmes Princes bâtirent non loin de la feconde Bérénice une ville de Ptolémaïde que la chaffe des Eléphans fit diftinguer par l'épithète d'*Epitheras*. Les ruines même n'en fubfiftent plus.

En remontant la côte d'Afrique du même côté, on rencontre une ville d'Emporium, aujourd'hui Zeïla, enfuite le grand promontoire des Aromates, maintenant le cap de Gardafui.

La dernière ville remarquable fur cette côte eft Rapta, ainfi nommée de petits bâtimens de pirates dont la charpente n'était unie que par des coutures & qui reſſemblaient aſſez à nos Pirogues des terres auſtrales. Rapta était une des Métropoles de l'Afrique.

Dans l'intérieur des terres, le nom d'Agyzymba donné par Ptolémée à une vaſte étendue de pays, déſigne dans la langue Ethyopique des Abyſſins, une contrée méridionale : la nation qui l'habite aujourd'hui eſt celle des Zimbas, qu'on regarde comme Antropophages.

La derniere région connue des Anciens à cette extrémité de l'Afrique, eſt le promontoire Praſum qui répond au cap Verd. Le reſte eſt moins décrit que défiguré par des fables.

HISTOIRE.—L'Ethyopie regardait l'Egypte comme une de ſes colonies, ce qui humiliait un peu l'orgueil de ces Prêtres d'Héliopolis, qui ſe regardaient comme les inſtituteurs du monde.

Il eſt certain que les Egyptiens tenaient des Ethyopiens leur dieu Cneph à tête d'épervier (*a*) & leurs hyéroglyphes (*b*). La Thébaïde même porta originairement le nom d'Ethyopie (*c*) ; probablement qu'à cette époque le Delta & l'Héptanomide étaient encore fous les eaux ; ainfi alors les Egyptiens, ni leurs Dieux, ni leurs Pharaons n'exiftaient pas.

Les Ethyopiens plus près du peuple primitif, & par conféquent de la nature, que le refte de l'Afrique, eurent une patrie & ne furent fubjugués par perfonne. Bachus & Hercule qui traversèrent, dit-on, le globe en conquérans ne fe mefurèrent point avec leurs Rois. Sémiramis les vainquit fans pouvoir les foumettre (*d*). Cambyfe perdit la moitié

(*a*) Voilà pourquoi Strabon l'appelle *Accipiter Æthyopicus.* Voy. *Geogr.*, lib. 17.

(*b*) *Diod. Sicul.*, lib. 3, parag. 3.

(*c*) Euftath. *in Dyonif.*, pag. 33.

(*d*) Diodore de Sicile dit, liv. 2, parag. 12, que l'héroïne de Babylone *vainquit les Ethyopiens* ; & dans le liv. 3, parag. 2, que cette

de son armée dans leurs plaines de sables. Ils défièrent avec succès Rome même, & cette capitale du monde n'osa les en punir, soit qu'elle craignît leur soleil, soit qu'elle fût épouvantée de leur courage.

Au reste l'ancienne histoire de l'Ethyopie n'est qu'un tissu de contes orientaux. On dit par exemple que Sémiramis parcourant cette partie de l'Afrique qu'elle voulait subjuguer, y vit un lac quarré dont l'eau était de la couleur du cinnabre & avait le goût du vin vieux. Ceux qui en buvaient tombaient dans un délire qui leur faisait révéler des crimes dont ils avaient eux-mêmes perdu la mémoire *(a)*. On est peu tenté de

---

Princesse, *à peine entrée en Ethyopie, vit que son projet de la subjuguer n'aurait jamais d'exécution.* Mon explication fait disparaître la contradiction de Diodore.

(a) Diod. Sicul., lib. 2, parag. 12. Nous tenons de cet Ecrivain les détails historiques qu'on va lire.

connaître les actions des Rois qui pos-
sédaient ce lac de cinnabre.

Ces Rois, ajoute la crédulité Grecque,
étaient des Prêtres, & le hasard seul
décidait de leur élection. Le Collége
Sacerdotal s'assemblait dans un temple :
là, on enfermait dans un cercle les
membres les plus honnêtes du corps.
Un Prêtre (inspiré sans doute) entrait
dans le cercle en sautant à la façon
des satyres, & le premier des Candi-
dats qu'il touchait était jugé digne de
porter la Couronne.

Ce Roi Prêtre n'était guères qu'une
statue couronnée. Il ne pouvait abroger
aucune loi, lors même qu'elle était absurde. Son antiquité lui tenait lieu de
raison. Il n'avait le droit de faire mourir aucun de ses sujets, eût-il été dé-
claré par un Tribunal, digne du dernier
supplice. Cependant comme le pacte
social ne peut subsister, si le coupable
qui le viole reste impuni, le Prince envoyait à l'infracteur des loix, un Officier

qui lui apportait le signal de la mort.
De ce moment le criminel ne pouvait
s'enfuir & commuer sa peine en un
exil volontaire ; mais il s'enfermait dans
sa maison, & terminait ses jours flétris,
par le suicide.

Il paraît que pour donner plus de
force à cette institution singulière, les
Législateurs avaient imprimé un opprobre ineffaçable au nom & à la famille
du coupable qui n'exécutait pas lui-même l'Arrêt de mort prononcé contre lui.
Diodore dit qu'un Ethyopien à la vue
de l'ordre sinistre, songeant à s'enfuir
de sa patrie, sa mère lui passa sa ceinture autour du col, sans qu'il osât s'en
défendre, & l'étrangla. Cette femme plus
citoyenne que mère, est une des hé-
roïnes de l'Ethyopie.

Le Roi lui-même, quand il n'était
pas le père de ses peuples, se voyait
condamné, ainsi que le dernier de ses
sujets, au suicide. Les Prêtres de Méroë
lui faisaient signifier son Arrêt de mort

de la part des Dieux , & il defcendait de
fon trône pour obéir ; ce qui affurément
n'eft pas dans les mœurs du defpotifme.

Un Ergamène qui régnait en Ethyopie fous le fecond des Ptolémée, fecoua
le premier ce joug religieux & viola la
loi du fuicide. Les Prêtres lui ayant
envoyé l'ordre de mourir, il partit avec
des cohortes d'élite, attaqua fes Juges
dans leur temple, les fit égorger tous,
& donna à l'Ethyopie une nouvelle Religion.

Les Ethyopiens rarement opprimés par
leurs Monarques, étaient tendrement
attachés à leurs perfonnes. On cite fur
leur dévouement un trait bien extraordinaire, & qui devient d'autant plus fufpeét
à nos yeux philofophiques, que ce font
des Courtifans qui en paraiffent les héros. Quant le Prince perdait à la guerre
ou à la fuite d'une maladie quelqu'un
de fes membres, fes amis fe mutilaient
pour lui reffembler : ils fe feraient cru
déshonorés, s'ils avaient marché droit,

lorfque leur Roi était boiteux, & s'ils avaient vu clair, lorfqu'il était aveugle.

. On ne nous a pas tranfmis les noms des Rois d'Ethyopie, fur-tout avant que leur hiftoire fe trouve liée avec celle de l'Egypte. Memnon eft le feul dont la mémoire ait percé la nuit des tems encore le peu que nous favons de lui eft-il défiguré par l'imagination de Philoftrate ; s'il en faut croire cet Hiftorien d'Apollonius, Memnon fut fils de l'Aurore & régna en Ethyopie pendant cinq générations, c'eft-à-dire, au moins cent cinquante ans (a), ce qui ne s'accorde guères avec la fameufe tradition fur fon rajeuniffement inutile. Ce n'eft point dans un ouvrage deftiné à peindre les hommes, que nous nous occuperons à concilier la fable Grecque avec le roman oriental. Nous nous contenterons d'obferver que Memnon fut un des hé-

_____

(a) Vit. Apollon., lib. 6, cap. 4.

ros de l'Ethyopie ; qu'après sa mort ses peuples reconnaissans firent son apothéose , & que son culte se progagea le long du Nil jusqu'en Egypte , comme le prouve sa fameuse statue colossale qui résonnait au gré de ses Prêtres , dès qu'elle était frappée des rayons du soleil (*a*).

Religion. — Les ténèbres qui environnent l'histoire politique de l'Ethyopie , entourent aussi son histoire religieuse. Cependant il s'échappe de tems en tems de cette nuit profonde des traits de lumière qui nous empêchent de confondre sa théologie avec celle du reste du globe.

Le premier dogme de l'antique Ethyopie naquit du sentiment. Un ciel moins brûlant , une terre moins aride , une nature plus riante , annonçaient à des

---

(*a*) Nous renvoyons l'examen de ce monument à l'histoire de la Thèbe Egyptienne.

hommes pacifiques un Être Suprême, & leurs cœurs s'élancèrent vers lui pour l'aimer.

Cet Être Suprême ils l'appellèrent Cneph ou la Bienfaisance Divine, & ils le représentèrent par une couleuvre de leur climat, exempte de venin, & née pour délivrer la terre d'une foule d'insectes qui la dévorent. Cette couleuvre emblématique passa avec le culte du Cneph en Egypte & on en décora la mître des Prêtres & le diadême des Pharaons.

Quand le théïsme commença à se dénaturer en Ethyopie, on plaça à côté du Cneph les héros dont une reconnaissance insensée faisait l'apothéofe. Telle eft l'origine du culte de l'Atlante, fi connu fous le nom de Jupiter. Comme l'Egypte dans des tems poftérieurs réuffit à faire croire qu'elle poffédait fa cendre, tous les ans, à pareil jour, il partait une caravane Ethyopienne, qui venait à Thèbes chercher le cercueil du

héros divinifé & qui le portait en cérémonie jufqu'à Méroë. Une tradition
facerdotale voulait que le cercueil étant
arrivé dans la Métropole de l'Ethyopie,
les Dieux venaient manger avec Jupiter
à la table du Soleil (*a*). Homère qui
cite les traditions de fon tems, avec la
même vérité qu'il en peint les mœurs,
fait allufion à ce feftin des Immortels
dans le premier chant de fon Iliade.

Quand le cercle des fuperftitions fut
épuifé en Ethyopie, les Miniftres des
autels foutinrent leurs erreurs religieufes avec le fanatifme. Ils facrifièrent des
garçons au Soleil & des filles à la Lune
(*b*). Dès-lors leurs mœurs devinrent atro-
ces comme leur culte, & l'Afrique ap-
plaudit à Ergamène , quand condamné
par un vain oracle à mourir, au lieu de

(*a*) Herodot. , lib. 2. Diod. Sicul., lib. 2.
Euftat. *in Iliad.*, pag. 128. Plin. *Hift. Nat.*
lib. 6, cap. 29.

(*b*) Heliodor. *Æthyop.*, lib. 10.

subir sa sentence, il vint, la hache à la main, renverser le temple où on l'avait prononcée, & mêler le sang impur des Prêtres avec celui de leurs victimes.

GYMNOSOPHISTES. — L'Ethyopie avait ses Sages comme la Grèce; mais il ne faut pas les mettre dans le rang des Solon & des Socrate : ils ne se servirent guères de leurs connaissances que pour courber leurs concitoyens sous le joug des superstitions sacerdotales : aussi l'Historien qui parcourt les monumens de l'antiquité, ne les trouve-t-il respectables que dans le roman de Philostrate.

On croit que les Gymnosophistes Ethyopiens étaient une colonie de ceux de l'Inde : ils furent, dit-on, obligés de quitter leur patrie, parce qu'ils assassinèrent le Roi Ganges, & que leurs concitoyens indignés, refusèrent de respirer le même air que ces régicides (a). Voilà

____

(a) Philostr. *Vit. Apollon.*

une origine bien peu refpectable pour des fectaires orgueilleux qui fe difaient les inftituteurs des hommes.

L'émigration des Gymnofophiftes de l'Inde arriva , fuivant Eusèbe , fous le règne du Pharaon Aménophis (*a*).

Ces affaffins des Rois exilés en Ethyopie , trouvèrent moyen de s'affocier au Collége des Prêtres : alors ils imaginèrent le culte des bêtes , la divination, les augures & toutes ces folies religieufes avec lefquelles les tyrans facrés de l'efprit humain achètent leur empire fur la multitude.

Il faut être jufte. Tous les Gymnofophiftes de l'Ethyopie ne furent pas des Jongleurs ou des Bonzes. Un petit nombre d'entr'eux fe confacra à l'étude & propagea les lumières. C'eft cette claffe refpectable qui imagina les hyéroglyphes & un alphabet fyllabique (*b*)

(*a*) *Chronic.*, libr. pofter. , n°. 400.
(*b*) Heliod. *Æthyop.*, lib. 4.

différent de notre alphabet littéral, dont on se sert encore aujourd'hui en Nubie & chez les Abyssins.

Lucien était aussi persuadé que l'astronomie était née chez les vrais Sages de l'Ethyopie (*a*), mais il est évident qu'ils n'étaient que les dépositaires de cette science née sous le beau ciel du Gange & de l'Euphrate, & non dans les déserts brûlans de la zône torride.

(*a*) » On prétend, dit ce Philosophe, qu'ils » furent les premiers qui imaginèrent l'astrono-» mie, parce que leur ciel est sans nuages, » & qu'ils n'éprouvent pas comme nous les » vicissitudes des saisons. Après avoir remar-» qué les phases de la lune, ils tâchèrent d'en » rechercher les causes, & ils découvrirent » que ce phénomène venait des différens as-» pects du soleil dont elle emprunte sa lu-» mière. Ils étudièrent ensuite le cours & la » nature des autres planètes, & leur donnè-» rent des noms, non-seulement pour les dis-» cerner, mais encore pour marquer leurs di-» verses influences. Voy. *Traité de l'Astrologie*

Les Sages de l'Ethyopie furent probablement enveloppés, avec ſes Sophiſ-
tes, dans la Saint-Barthelemy de Prêtres
qui arriva ſous le règne d'Ergamène.

DES ISLES D'AFRIQUE.

LA population du globe a commencé par celle des Isles. En effet nous avons vu dans la première partie de cette Histoire des Hommes, le monde primitif après la retraite de l'Océan, partagé en trois grandes Isles formées par la chaîne du Caucase, par celle de l'Atlas & par le plateau de la Tartarie. A mesure que la mer laissa à sec le pied de ses montagnes, d'autres Isles moins étendues prirent naissance ; quelques-unes de ces dernières se réunirent à leurs continens, d'autres cédèrent au poids des mers & disparurent.

Le petit nombre des Isles qui subsistent encore dans les mers d'Afrique tient plus à l'histoire du moyen âge, qu'à celle des tems primitifs. Aussi on n'en voit presque nul vestige dans les monumens de l'antiquité.

Ce n'est que par d'ingénieuses conjectures qu'on prend l'isle Ménuthias de Ptolémée pour celle de Zanzibar (a). Les Anciens ne connurent guère les isles Fortunées, ou l'Archipel des Canaries, avant Juba, Roi homme de lettres de la Mauritanie. Pour Madagascar, il est avéré que c'est Marc Paul qui l'a le premier décrite, & cette époque ne remonte qu'au treizième siècle.

Parmi les Isles d'Afrique peuplées à une époque inaccessible aux recherches de l'histoire, on peut compter cet Archipel Panchéen situé au midi de l'Arabie Heureuse, où de tranquilles Théocrates tenant d'une main le sceptre & de l'autre l'encensoir, ne s'occupaient,

------

(a) *Géographie Ancienne* de Danville, tom. 3, pag. 66.

dans le loifir que leur donnait une ambition fatisfaite, qu'à rendre leurs peuples heureux. Il eft probable que cet
Archipel a été réuni au Continent de
l'Afrique, comme la péninfule de l'A-
rabie à l'Afie, & celle de l'Italie à
l'Europe.

Nous avons parlé, au commencement
de cette Hiftoire des Hommes, de l'ifle
d'Iambule, célèbre par une race de
Géants qui l'habitaient, dont la charpente offeufe du corps fe pliait & fe
redreffait au gré de la volonté; à cette
merveille de l'organifation, l'art avait,
dit-on, ajouté une opération doulou-
reufe fur la langue qui, en la fendant
dans fa longueur, l'avait rendue double
jufqu'à fa racine : l'Infulaire, grace à ce
méchanifme bifarre, articulait les fylla-
bes les plus difficiles de toutes fortes de
dialectes, imitait le cri des bêtes, & parlait à la fois à deux perfonnes de matières
différentes, fans les confondre. Les Ta-
verniers anciens à qui nous devons ce

conte Oriental, n'ont pas fixé la pofition de cette ifle d'Iambule ; tout ce
qu'on fait, c'eft qu'on n'alla à fa découverte que fur l'oracle d'un Dieu d'E-
thyopie.

Nous avons auffi traité fort au long
d'une Atlantide de Diodore, qui pourrait être Madère ou Ténériffe, d'une
Hefpérie fituée au pied du mont Atlas,
qu'habitaient des Amazones, & d'une
ifle Hyperborée, gouvernée par un Prê-
tre-Roi defcendu en droite ligne de
Borée, fuivant les Miniftres des Dieux
qui avaient intérêt à faire croire à cette
généalogie.

Tous ces détails tiennent plus à l'Hiftoire Philofophique du Globe qu'à celle
des Hommes ; & nous y renvoyons (*a*).

(*a*) On trouvera l'hiftoire de l'Archipel
Panchéen, *Hift. des Hommes*, part. ancienne,
tom. 2, pag. 155 : celle de l'ifle d'Iambule,
ibid., pag. 176 ; & celles de l'ifle Hyperborée, de l'Atlantide de Diodore & de l'Hefpé-

Nous n'avons voulu qu'indiquer ici un des anneaux de la grande chaîne qui lie toutes les parties de notre Ouvrage.

---

rie des Amazones, ibid. pag. 193, 199 & 204.

HISTOIRE

DES

ÉGYPTIENS.

HISTOIRE

DES

ÉGYPTIENS.

DE tous les Empires que nous avons parcourus, l'Egypte est celui sur lequel nous avons le plus de mémoires ; non que les Anciens aient rassemblé sur ses annales plus de faits, mais ils ont beaucoup conjecturé sur sa population primitive, sur le fleuve qui l'arrose, sur ses Rois & sur ses Dieux. Les Modernes à leur tour ont rêvé sur ces conjectures : & voilà comment quelques pages de faits enfantent des volumes.

Nous allons tâcher de parcourir, la faulx du scepticisme en main, toutes ces landes de l'Antiquité , que souvent le préjugé seul a rendues vénérables : quant aux Modernes, qui ne font d'ordinaire que se copier ou se contredire, nous n'en tirerons que ce qui peut contribuer à éclaircir la Géographie de l'Egypte ou sa Chronologie. La connoissance des mœurs & de l'esprit humain, beaucoup plus importante , doit naître du seul exposé des faits ; & si cet exposé est vraiment philosophique, on peut se flatter d'avoir une Histoire des Hommes.

GÉOGRAPHIE

DE L'ÉGYPTE (*a*).

HÉRODOTE, l'enthousiaste de l'E-gypte (*b*), a vu l'étendue de cette Monar-

---

(*a*) Nos mémoires parmi les Anciens sont Strabon, Hérodote, Ptolémée, Pline & Pomponius Méla. Parmi les modernes, nous avons consulté les *Voyages* de Richard Pockoke, la *Description de l'Egypte* du Consul de Maillet, & sur-tout les *Mémoires sur l'Egypte* de M. Danville.

(*b*) L'Egypte a été désignée par divers noms dans l'antiquité.

Bérose l'appelle *Océanie*, d'Océanos, un de ses premiers habitans ; Xénophon *Ogygie*, d'Ogyges ; Moïse *Misraïm*, à cause du petit-fils de Cham ; Hérodote *Potamites*, qui veut dire le pays du fleuve, comme si l'Egypte avait été créée par le Nil ; & Lucien *Mélambolos*,

chie , comme il voyait la fageffe de fes Habitans , c'eft-à-dire , avec fon imagination Orientale. Il a fuppofé qu'elle avait de longueur près de trois cents dix-fept lieues (a) , & ce calcul eft infiniment exagéré : des Commentateurs de ce prétendu Père de l'Hiftoire , accoutumés à jurer fur la parole du Maître , le juftifient , en difant qu'il s'eft réglé dans fon évaluation fur les détours du Nil ; mais le Nil ne fait pas plus l'Egypte , que la

à caufe de la noirceur de fon terroir.

Le nom d'Egypte vient , fuivant quelques étymologiftes , du Nil qui dans le premier âge de cette Monarchie portait ce nom. Strabon & Diodore veulent que ce foit un frère de Danaüs qui donna fon nom à l'Egypte. Toutes ces difcuffions ne doivent être qu'indiquées dans une Hiftoire des Hommes.

(a) Il prétend que de la mer jufqu'à Thèbes il y a, par la terre ferme, 6120 ftades majeurs, & 820 ; de Thèbes jufqu'à Eléphantine , frontière de l'Egypte du côte de l'Ethyopie. Voy. *Euterpe* ou lib. 2.

Seine ne fait l'ifle de France, & il n'eft pas permis à Hérodote de tromper la poftérité, en difant qu'il a mefuré l'étendue d'un Empire, tandis qu'il n'a mefuré que le cours du fleuve qui l'arrofe.

L'Egypte étudiée par des Aftronomes, nous eft repréfentée comme une longue vallée qui s'étend du Sud au Nord dans l'efpace de fix degrés un tiers, & qui s'élargiffant enfuite pour donner paffage aux divers bras du Nil, fe prolonge encore dans l'intervalle d'un degré un tiers, jufqu'à ce qu'elle trouve la mer pour barrière. Ces fept degrés deux tiers qu'a l'Egypte dans toute fon étendue, répondent à 183 lieues aftronomiques, qui ne font que 167 de nos lieues légales à 2500 toifes.

La longue vallée dont je viens de parler, eft formée par deux chaînes continues de montagnes : les Anciens donnaient à l'Orientale le nom d'Arabique, & celui de Libyque à l'Occidentale : le Nil coule au milieu. Vansleb, qui a vu l'Egypte en homme de l'art, affure que l'endroit où la vallée eft le plus fpatieufe, fe parcourt en moins de quatre heures de cheval.

L'Egypte figurée ainfi, forme une efpèce d'y grec renverfé (λ) : la partie fupérieure de la lettre grecque, ou la longue vallée, comprend la haute Egypte & l'Heptanomide.

Si on ferme la partie inférieure de cet y renverfé, on compofe une autre lettre grecque connue fous le nom de delta (Δ) : c'eft le mot par lequel les Anciens ont défigné le triangle irrégulier formé par deux bras du Nil & par la mer, qu'on appelle baffe-Egypte dans les cartes de nos Géographes.

DU DELTA
O U
DE LA BASSE-EGYPTE.

LA Méditerranée est la base du triangle du Delta. Cette partie de l'Egypte la plus opulente & la plus peuplée s'étendait dans cette direction, depuis Tapofiris, jusqu'à une ville située au-delà du lac Sirbon, qu'on appelle Rhinocorure, ce qui fait en droite ligne un intervalle de près de 99 lieues (*a*).

(*a*) Hérodote, qui du côté de l'Orient terminait l'Egypte au mont Caffios & non à Rhinocorure, comptait entre cette frontière & la ville de Tapofiris foixante fchènes, efpace qui répond à 72 de nos lieues. Il y en a réellement 81 ; mais une erreur de 9 lieues ne

Tapoſiris, aujourd'hui Abouſir, était placée ſur le golphe de Plinthine, maintenant le golphe des Arabes. Le nom de cette ville, s'il en faut croire Procope, lui fut donné, parce qu'on y voyait le tombeau d'Oſiris (*a*).

On voit à une petite diſtance de l'ancienne Tapoſiris une ſingulière antiquité : c'eſt un puits de douze pieds de diamètre & de trente de profondeur, qui communique à un immenſe labyrinthe, dont les allées & les chambres ſont toutes taillées dans le roc : on y trouve des urnes antiques & des momies. Paul Lucas raconte qu'il y vit dans un cercueil doré, & environné d'une baluſtrade de prix, un bœuf embaumé qu'il prit pour la dépouille terreſtre d'un dieu Apis (*b*).

---

mérite pas qu'on accuſe l'inexactitude d'un Hérodote.

(*a*) *Ædific.*, lib. 4, cap. 1.

(*b*) *Voyage de Paul Lucas fait par ordre*

La ville de Plinthine touche à celle de Tapofiris. Ses ruines même ne fubfiftent plus. Tout ce qu'on fait, c'eft que, dans des tems heureux, elle donna fon nom au golphe fur lequel elle était fituée.

Il ne fubfifte plus rien encore d'un fort nommé Petite Cherfonnèfe, que Strabon place près de Plinthine, & à 70 ftades d'Alexandrie.

Cette petite Cherfonnèfe fut ainfi appellée par les Grecs, parce que l'Egypte refferrée à cette frontière par le lac Maréotis & par la mer, a la forme d'un ifthme. On fait que ce peuple donnait à l'ifthme de Corynthe & à celui de Malaca les noms de Cherfonnèfe.

Toutes ces côtes de la Méditerranée, malgré les eaux génératrices du Nil & les travaux des Pharaons, reftèrent in-

---

de Louis XIV. dans la Turquie, &c. tom. 1, pag. 345.

cultes jufqu'à Alexandre, qui bâtit, à peu de diftance du fort Cherfonnèfe, la plus célèbre des Villes qui porte fon nom. Nous ne parlerons avec étendue de cette Métropole de l'Egypte du fecond âge, que dans l'hiftoire des fucceffeurs d'Alexandre.

On avait creufé d'Alexandrie à Canope un canal parallèle au rivage de la mer, qui fervit à enrichir cette partie de l'Egypte & à en augmenter la population. Le long de ce canal était une ville de Thonis où aborda Ménélas après la prife de Troye. Pour Canope, on croit qu'elle tirait fon nom du Pilote du navire que montait ce fameux époux d'Hélène. Le nom d'Abukir que les Turcs lui ont donné, ne conferve aucune trace de cette étymologie.

En s'approchant du centre du Delta on trouve la petite Hermopolis ou la ville de Mercure, fur les ruines de laquelle on a bâti Demenhur; l'Andropolis de Ptolémée & la Gynœcopolis de

Strabon, dont les noms défignent les deux fexes, femblent fe toucher. Cette dernière, après l'expédition de Cambyfe, refta à la Perfe, & devint l'appanage d'une des Concubines du Defpote (*a*).

Létos ou la ville de Latone, paraît fervir de limites du côté de l'Occident entre le Delta & l'Heptanomide.

Le défert qu'on rencontre à fa droite, en montant du lac Maréotis à la ville de Latone, eft défigné fous le nom de *Région des Scythes* par Ptolémée. Là étaient des lacs d'où on tirait du nitre, & une ville de Nitria dont les habitans vivaient de ce commerce.

Si on revient fur fes pas, le long de la rive Orientale du bras du Nil, qu'on connaît fous le nom d'Agathodaimon, on trouve d'abord, près d'un grand lac qui communique à la mer, une ville de Buto, dont il eft parlé avec diftinction

---

(*a*) *Hérod.* lib. 2.

dans Hérodote : Métélis qui lui succède (aujourd'hui Foûa) porte encore le nom de Miſſil dans les Dictionnaires des Coptes.

Naucratis, qu'on voit en remontant le bras du Nil, fut bâtie par les Miléſiens, & devint long tems l'entrepôt du commerce de l'Egypte, avant la fondation d'Alexandrie.

Saïs (Sâ dans la nomenclature moderne), eſt une des Villes les plus diſtinguées de l'ancienne Egypte ; Strabon la place à deux ſchènes ou à 6048 toiſes de la rive du Nil : elle fournit pluſieurs Dynaſties de Pharaons. C'eſt vis-à-vis un temple de Minerve, érigé dans Saïs, qu'on voyait ce fameux ſallon conſtruit d'une ſeule pierre, quoiqu'il eût dans ſa façade extérieure 33 pieds 3 pouces de long, 22 pieds 2 pouces de large, & 12 pieds 8 pouces de hauteur (a).

____

(a) *Hérod.* lib. 2. Cet Hiſtorien calcule par

Deux mille hommes, ajoute-t-on, furent employés pendant trois ans à transporter ce sallon par eau, d'Éléphantine. Notre Impératrice de Ruſſie a employé bien moins de bras & bien moins de tems à amener à Pétersbourg le fameux rocher de granit ſur lequel on érige la ſtatue de Pierre le Grand.

L'iſle de Proſopitis ſe trouve en remontant, dans la direction de Saïs : elle n'avait que 9 ſchènes ou un peu moins de onze lieues de circonférence, & était formée par diverſes dérivations du Nil qui ſe coupaient à angles droits. Malgré le peu d'étendue du territoire, on y avait bâti une ville de Byblos, où les Grecs ſoutinrent un long ſiége contre les Perſes, & une autre d'Atarbéchis, célèbre long-tems par ſon temple de Vénus & par ſes pélerinages.

---

coudées, & je ſuppoſe que ces coudées ſont celles de Babylone. *Voy.* notre *Table des meſures itinéraires.*

Outre ces deux villes renfermées dans l'ifle de Profopitis , le Nome , ou le Gouvernement qui en portait le nom , avait pour Métropole Nikiu , qui fubfifte encore , & par fon nom & par fes ruines.

Entre les deux Nomes de Saïs & de Profopitis , les Géographes placent une ville de Taua , capitale d'un petit Gouvernement appellé Phthemphu dans Pline , & Phthembuthi dans Ptolemée. Voilà des noms vraiment Egyptiens , & que les Grecs , fuivant leur manie orgueilleufe , n'ont pas défiguré. Malheureufement le nom & la ville qu'ils défignent n'ont joué aucun rôle dans la Monarchie des Pharaons.

Le Nil , au fommet du Delta , fe partage en deux grandes branches : nous avons parlé de la première fous le nom d'Agathodaïmon ; il y en a une autre qu'on nomme le fleuve de Bubafte ou plutôt le canal Athribique , à caufe de la ville d'Athribis , aujourd'hui Atrib , qui eut quelque fplendeur dans le premier âge de la Monarchie Egyptienne.

Leontopolis qui lui fuccède, tire fon nom du culte qu'on rendait au lion (*a*). Xoïs qui paraît de l'autre côté du canal Athribique, donna le fien à une Dynaftie de Pharaons.

Bufiris, aujourd'hui Bufir, avait un temple d'Ifis, dont les ruines attirent encore les regards des Voyageurs ; il était, fuivant Pockoke (*b*), bâti tout entier de granit, & avait 200 pieds de long fur 100 de large. L'Architecte avait donné aux murs 10 pieds d'épaiffeur, & ne s'était fervi pour l'ordinaire que de quartiers de granit qui avaient la même étendue. Le peu de colonnes qui reftent font d'un beau granit rouge, & ont quatre pieds de diamètre ; la tête d'Ifis leur fert de chapiteau. Les Turcs, que leur politique & leur religion rendent deftructeurs, muti-

(*a*) Ælian. *Animal.* lib. 12, cap. 16.
(*b*) *Voyages*, tom. 1, pag. 60.

lent tous ces beaux monumens & en font des meules de moulin. On peut conjecturer par la beauté des bas-reliefs, que ce Temple fut élevé dans le siècle des Ptolémées.

Sebennyt, aujourd'hui Semennud, donne son nom à l'embouchure d'une des branches du Nil : il y avait, suivant Ptolémée, deux Nomes Sebennytes, l'un supérieur & l'autre inférieur. Ce dernier avait Pachnamunis pour Métropole.

Entre les deux Nomes Sebennytes, Hérodote & Ptolémée placent une ville d'Onuphis qui, malgré son étendue, n'a tenu aucun rang dans l'Histoire.

Le Nome Sebennyte inférieur touche à de vastes marais stériles que les Grecs nommèrent Eléarchie, & où Amyrthée défia long-tems, avec quelques cohortes Egyptiennes, toute la puissance d'un Artaxerxe.

Si de l'Eléarchie on remonte encore le Delta, on trouve auprès d'un lac une

ville de Panœphifis, dont les Grecs chan-
gèrent le nom en celui de Diofpolis.

Mendés, fuivant Hérodote, doit fon
nom à un bouc qui y était adoré. Saint Jé-
rôme attribue cette étymologie à Thmuis
(aujourd'hui Tmaié) , ville qui n'en
était éloignée que de quelques lieues.
Quoiqu'il en foit de ce fait, les Egyptiennes de Mendés furent long-tems célèbres par leur libertinage.

La ville royale de Tanis qui fuccède
à Thmuis, n'a plus rien de fon ancienne
fplendeur : c'eft un village du nom de
San , abandonné à des Bedouins.

Sethrum, capitale du Nome Sethroïte,
n'exifte encore que par un bourg de
Sethron , bâti près de fes ruines.

Bubafte, au-deffus de Sethrum, eft une
des premières Métropoles de l'Egypte :
elle donna fon nom à une branche du
Nil & tira le fien de la Diane Grecque,
honorée fous la figure d'une chatte, dans
le pays des Hyéroglyphes.

Pharbet, que les Coptes prononcent

Pſelbes, eſt au-deſſus de Bubaſte. On repréſente cette Ville comme le chef-lieu d'un Nome, dans les monumens qui nous reſtent de l'antiquité.

Héroopolis, qui s'en éloigne du côté de l'Orient, ſe trouve placé ſur le fameux canal de Ptolémée, qui communique à la mer Rouge. On croit que c'eſt l'ancienne Avaris dont il eſt parlé dans Manethon. Cet mot Avaris ſignifie *Ville de Typhon*; & le crédule Etienne de Byzance, partant ſans doute de cette étymologie, prétend que c'eſt dans ces murs que Typhon, frappé de la foudre, répandit le ſang empoiſonné qui coulait dans ſes veines.

Le ſçavant Marsham a eu tort de confondre cette Avaris qui eſt au haut du Delta, avec Péluſe, la clef de l'E-gypte du côté de la Méditerranée (*a*). Cette erreur eſt d'autant plus frappante,

______

(*a*) *Canon. Chronicus*, pag. 107.

que Strabon nous repréfente Pélufe refferrée entre la mer & des marais, &
n'ayant tout au plus qu'une enceinte de
vingt ftades, tandis que l'antique Avaris,
au rapport de Manethon, était affez vafte
pour tenir fur pied une garnifon de
deux cens quarante mille hommes.

Pockoke croit qu'un château quarré
que les Turcs nomment Adjeroute, eft
l'ancienne Héroopolis. Il ajoute qu'on
voit clairement par les déferts de fables
& la forme des rochers, qu'autrefois
cette Ville était voifine de la mer
Rouge, qui peu-à-peu s'eft retirée, ce qui
confirme notre théorie du monde primitif.

La ville d'Onion, ainfi nommée du
peuple Hébreu Onias, qui y éleva un
temple fous le règne de Ptolémée Phi-
lométor, eft du fecond âge de la Monarchie.

C'eft au-deffus d'Onion qu'eft placée
Héliopolis ou On, mot qui répond en

Egyptien à l'Hélios des Grecs (*a*). On la nomme aujourd'hui Matarée. Nous en parlerons plus en détail, à la suite de cette notice géographique.

La dernière ville du Delta du côté de l'Heptanomide, eſt la Babylone d'Egypte, colonie Aſſyrienne qui vint s'y établir ſous le règne de Cambyſe (*b*). Comme par ſa ſituation cette ville dominait ſur le Nil, les Céſars y placèrent une des trois légions chargées de maintenir l'Egypte ſous la domination Romaine (*c*. On voit encore les ruines de ſa fortereſſe au vieux Caire ; ce ſont deux groſſes tours d'une ſtructure particulière dont la plus petite a quarante pieds : l'autre abandonnée à des Moines Grecs eſt remarquable par un ſallon placé au ſommet, dont le plafond eſt ſoutenu

---

(*a*) Saint Cyrille, *Comment. in Osè.*

(*b*) Joſeph. *Antiq. Judaïc.* lib. **2**, cap. **5.**

(*c*) Strabon, lib. 17.

par huit colonnes d'ordre Corynthien, & au milieu duquel on a creuſé un puits (*a*).

Il ne reſte plus dans le Delta de villes dignes de fixer nos regards , que celles qui ſont rangées ſur les côtes de la Méditerranée.

Il faut mettre à leur tête Péluſe (aujourd'hui Tineh) qui fut regardée comme le rempart de l'Egypte ſous les Pharaons. Strabon la place à 20 ſtades de la Méditerranée & vante la force de ſes murailles. On a vu dans l'hiſtoire des Perſes , que Cambyſe ne put s'en emparer , qu'en tirant parti de la crédulité religieuſe de ſa garniſon.

Dans le tems des révoltes de l'Egypte contre les Perſes , l'Athénien Chabrias fortifia un poſte peu éloigné de Péluſe auquel il donna ſon nom , & qui le conſervait encore ſous les Ptolémées.

____

(*a*) *Voyages de Pockoke* , tom. 1 , pag. 73.

En fuivant la rive Orientale de la Méditerranée, on rencontre une montagne de Caffios, qu'il ne faut pas confondre avec celle de Syrie. Au pied de cette montagne était une Ville du même nom, célèbre par fon temple de Jupiter. Ce fut non loin de fon enceinte que Pompée fut affaffiné. On lui érigea un tombeau fur la montagne.

La ville de Caffios touchait à un lac Sirbon, fameux par les fables religieufes de l'antiquité; on prétendait que Typhon, le meurtrier d'Ofiris, après avoir été foudroyé par Jupiter fur une roche du Caucafe, s'était tranfporté tout brûlé jufqu'au lac Sirbon où il avait été fubmergé. Le voyage n'eft que de quatre cents lieues.

Le lac Sirbon, au rapport des Anciens, avait originairement 200 ftades ou un peu plus de quatre lieues de long. Du tems de Pline ce n'était plus qu'un marais de peu d'étendue: aujourd'hui il n'en refte plus aucun veftige. Il a difparu to-

talement avec le bitume qu'on en re-
cueillait fous les Pharaons.

Rhinocorure, au-delà du lac Sirbon,
termine l'Egypte du côté de l'Orient.
On prétend que cette ville tira fon
nom des criminels qu'on y avait relégués,
après leur avoir coupé le nez.

DE L'HEPTANOMIDE.

ON appelle de ce nom la partie de l'Egypte intermédiaire, entre le Delta & la Thébaïde. Heptanomide signifie les sept Provinces : il est probable qu'elle n'en renfermait que sept sous les dynasties des Pharaons. Dans la suite, les Ptolémées & les Romains multiplièrent le nombre des Gouvernemens, ce qui jette quelque confusion dans la Géographie Egyptienne. L'Heptanomide sous les Empereurs de Constantinople porta le nom d'Arcadie.

Memphis, la capitale de l'Egypte, avant la fondation d'Alexandrie, est la première ville qu'on rencontre en sortant du Delta pour entrer dans l'Heptanomide ; nous parlerons plus amplement de cette ville célèbre dans le cours de cette Histoire.

Sur la rive du Nil, oppofée à Memphis, était une ville de Troye : on croit qu'elle avait été fondée par une colonie de Troyens, emmenée en captivité par Ménélas (*a*). Sa fituation était au pied d'une montagne, dont les carrières fervaient à la conftruction des Pyramides.

Cette rive orientale du Nil ne renferme, au refte, que deux Nomes diftingués, celui d'Aphroditopolis & celui d'Antinoë.

Aphroditopolis, ou la ville de Vénus, eft encore, fous le même nom, un fiége épifcopal des Coptes.

Antinoë portait originairement le nom de Bela ; c'eft celui d'une Divinité Egyptienne, qui prononçait des oracles dans Abydos (*b*). Adrien bâtit fur fes ruines une autre ville, à laquelle il donna le nom de fon favori Antinoüs. Son nom

____

(*a*) Strabon *Géogr.* lib. 17.

(*b*) *Ammian. Marcellin.* lib. 19.

moderne d'Enfène rappelle cette indigne étymologie.

Si on fe tranfporte fur la rive occidentale du Nil, on trouve à la fuite de Memphis, Acanthos, aujourd'hui Dashur, dont Strabon fait une colonie de Libyens (*a*). Son nom, tout grec, dérive probablement de l'arbre de ce nom qui y venait fans culture.

Le Nome Arfinoïte qu'on rencontre après Memphis, paffait pour la contrée la plus riante de l'ancienne Egypte ; le nom de fa Capitale fous les Pharaons était Crocodilopolis ; les Romains s'en étant emparés lui donnèrent celui d'Arfinoë.

Crocodilopolis fut ainfi appellée à caufe du culte religieux qu'on y rendait au Crocodile. Diodore, qui a recherché l'origine de cette fuperftition bifarre, rapporte que Menès pourfuivi

____

(*a*) *Géograph.* lib. 17.

par des chiens jufqu'au bord d'un lac qui fe trouvait dans cette partie de l'Heptanomide, trouva un Crocodile qui le reçut fur fon dos & le tranfporta fur l'autre rive ; que par reconnaiffance il bâtit une ville pour éternifer la mémoire de ce prodige , y fit l'apothéofe de fon libérateur, & lui affigna le lac entier pour fa nourriture. Ce conte avait quelques probabilités au fiècle de Diodore.

Pockoke conjecture par l'infpection des ruines de Crocodilopolis que cette ville pouvait avoir quatre milles d'enceinte : il ne refte d'un peu entier qu'un mur de brique d'un édifice rond, qui paraît avoir fervi de bain public. La façade qui regarde l'Orient eft incruftée avec une forte de pétrification , pareille à celle qu'on trouve dans les vieux aqueducs (a).

Héracléopolis, fituée dans une ifle for-

____

(a) *Voyages de Pockoke*, tom. 1, pag. 163.

mée sans doute par le lac Mœris, était
la capitale d'un Nome célèbre : ses habitans avaient conftruit le labyrinthe ; &
comme ce travail, ordonné par des Defpotes, leur était devenu odieux, ils l'a-
vaient eux-mêmes dégradé. On adorait
dans Héracléopolis, voifine de Crocodilopolis, l'Ichneumon, l'ennemi né des
Crocodiles.

Oxyrinque, aujourd'hui Behnefé, était
la capitale d'un Nome voifin de celui
d'Héracléopolis. Son nom lui venait d'un
poiffon à tête pointue, mal défigné dans
les tables des Naturaliftes.

Le Nome Cynopolite paraît à la fuite.
Prolémée lui donne pour métropole une
ville de Cô, faifant face à une Cynopolis, fituée dans une ifle du Nil. Ces
deux villes fe trouvent confondues dans
Cellarius & la plupart de nos Géographes. Anubis & les chiens que ce dieu
repréfente, étaient honorés d'un culte
particulier à Cynopolis.

La grande Hermopolis confacrée à

Mercure, comme son nom le désigne,
est la ville la plus méridionale de l'Heptanomide. Pockoke, qui a parcouru l'E-
gypte en Philosophe, a examiné ses ruines,
& il n'a trouvé d'entier que le portique
d'un ancien temple, formé de douze colonnes de neuf pieds de diamètre, chargées d'hyéroglyphes (a).

Hermopolis avait un château qui dominait sur le plus grand canal du Nil,
& où, dans des tems postérieurs, on per-
cevait les droits sur toutes les marchan-
dises qui venaient de la Thébaïde (b).

(a) *Voyages*, tom. 1, pag. 205.
(b) Strabon *Géograph.* lib. 17.

DE LA THÉBAÏDE

O U

DE LA HAUTE-ÉGYPTE.

PAR une bisarrerie que toute la sagacité philosophique ne peut expliquer, les Egyptiens renfermaient dans la même partie de l'Egypte les deux Nomes d'Oasis, éloignés l'un de l'autre de soixante lieues, dont l'un répond au centre de la Thébaïde & l'autre à celui de l'Heptanomide.

L'Oasis de l'Heptanomide ou le petit Oasis, ne mérite aucune place dans l'Histoire : il n'en est pas de même du grand Oasis de la Thébaïde. C'était un petit canton, au milieu des sables de la Libye, où on envoyait les criminels d'Etat : les vastes déserts qui l'environnaient lui te-

naient lieu dés murs d'une forteresse.
On prétend que c'est de-là que partit
l'armée que Cambyse envoya pour piller le temple de Jupiter Ammon. Les
sables amoncelés par les vents enseve-
lirent ces malheureux, & il n'en échappa
pas un seul homme, pour porter la nouvelle de ce désastre au tyran de la Perse.

Quand une fois on était parvenu au
grand Oasis, on trouvait un séjour en-
chanté, arrosé de sources, ombragé de
palmiers & couvert de vignobles : aussi
les Grecs l'appellaient l'isle Fortunée, &
ils n'y auraient pas envoyé les héros que
leur jalousie dévouait à l'ostracisme.

Lycopolis ou la ville des Loups, est
la première métropole qu'on rencontre
sur les bords du Nil en entrant dans
la Thébaïde. Aphroditopolis ou la ville
de Vénus, lui succède, & ne doit pas
être confondue avec une autre métropole du même nom, dont nous avons
parlé dans la description de l'Heptano-

Sur la rive orientale du fleuve eſt Antéopolis. On y érigea, dans le premier âge de la Monarchie Egyptienne, un temple à Antée, qu'Oſiris établit Gouverneur de la Lybie & de l'Ethyopie (a), & qui, par la ſageſſe de ſon adminiſtration, parut mériter ſon apothéoſe. On prend ordinairement cet Antée, pour le Géant qui fut étouffé par Hercule.

Chemnis ou Panopolis, ſur le même rivage du Nil, doit ſon nom à un Prince qu'Oſiris aſſocia à la gloire de ſes conquêtes : il ne faut pas le confondre avec Pharaon Chemnis, qui conſtruiſit la plus grande des pyramides.

En remontant le Nil, toujours du même côté, on trouve Coptos, aujourd'hui Keft. La fondation de cette ville remonte au tems fabuleux de la Monarchie Egyptienne. Iſis, dit-on, était

––––––––––

(a) *Diod. Sicul.* lib. 1 , cap. 13.

dans fes remparts, lorfqu'elle apprit l'af-
faffinat d'Ofiris : elle ne perdit point fa
fplendeur fous les Ptolémées. Comme
un canal du Nil y conduifait, elle devint peu-à-peu l'entrepôt des marchan-
difes qu'Alexandrie tirait de la haute
Afie.

Il n'y a qu'une journée de chemin
de Coptos à la fameufe Thèbes, dont
la defcription mérite une place diftin-
guée dans cet ouvrage.

Ombos qui lui fuccède, eft connue
par le culte qu'elle rendait aux Crocodiles (a). Ses habitans avaient des vi-
viers particuliers où ils les nourriffaient
avec autant de refpect que les augures
Romains nourriffaient leurs poulets facrés ; auffi étaient-ils privés : du moins
les Prêtres Egyptiens le difaient à la
multitude, à laquelle il leur importait de
le faire croire.

______

(a) Elian. *Animal.* lib. 10, cap. 11.

Si on revient au rivage oriental du Nil , on trouve au point où nous l'avons quitté, c'est-à-dire , à la suite de la seconde ville de Vénus, une ville d'Abydos , résidence de Memnon, & qui sous les successeurs de ce Prince conserva sa splendeur , au point de ne le céder qu'à la métropole de toute la Thébaïde. Les Pharaons avaient creusé un canal dérivé du Nil , qui facilitait le commerce de cette ville avec toute la haute Egypte : on appelle aujourd'hui Abydos, Matfuné ou *Ville ensévelie*.

Le Nil , qu'on remonte , conduit à la petite Diospolis , capitale d'un Nome , mais qui serait inconnue , si elle n'avait pas partagé son nom avec la métropole de toute la Thébaïde.

Tentyre est plus célèbre à cause de sa haine contre les Crocodiles , dont les habitans d'Ombos avaient fait l'apothéose. Parmi ses ruines , on distingue un temple de 200 pieds de long sur 145 de large (*a*), fur le toît duquel des Ecrivains extravagans ont prétendu que toute la ville était bâtie. On peut conjecturer par les têtes d'Ifis, qui forment les chapiteaux des colonnes, que le temple était érigé à cette divinité, dont le culte a rempli le tiers du globe.

Ermonthis, aujourd'hui Erment, capitale d'un Nome de la plus haute antiquité, attire les regards des Européens par fes ruines ; on y diftingue particulièrement un temple d'Apollon, affez bien confervé, & chargé fur le mur intérieur & extérieur d'hyéroglyphes. Les figures d'animaux qui y dominent font les béliers & fur-tout les faucons. Deux bœufs de pierre, autour defquels l'Artifte a fculpté un grand nombre d'Egyptiennes qui donnent à tetter à leurs enfans, ont fait conjecturer que le dieu

______

(*a*) Voyages de Pockoke, tom. 1, pag. 243.

Apis avait auſſi ſon ſanctuaire dans cet édifice.

La plus remarquable des ruines d'Ermonthis, eſt un baſſin revêtu de pierres de taille & d'environ quarante pieds de long ſur trente de large, au milieu duquel s'élève une colonne à demi-mutilée par le tems, qui ſervait autrefois de Nilomètre.

Une tradition Egyptienne veut que ce ſoit à Ermonthis que Moyſe, le Légiſlateur des Hébreux, prit naiſſance.

Latopolis, aujourd'hui Eſſneh, ſuccède dans l'ordre des grandes villes à Hermonthis : elle tirait ſon nom d'un poiſſon fluviatil qui parvient dans le Nil à une grandeur extraordinaire (*a*) & à qui on avait décerné pour cela les honneurs de l'apothéoſe.

______

(*a*) *Athen.* lib. 7, cap. 17.

Syene, maintenant Eſluen, ſe trouve
préciſément ſous le tropique du cancer.
Les Anciens ne s'accordent pas ſur ſa
diſtance d'Eléphantine, la dernière frontière de l'Egypte du côté du midi. Pline
place Syene à ſeize milles au-deſſous
d'Eléphantine, & Strabon ſeulement à
un demi-ſtade ou à vingt-cinq toiſes.
Les deux Géographes ont tort, & il faut
avoir le courage de le dire.

C'eſt à Syene qu'on avait élévé ce
fameux Obſervatoire dont parle Strabon,
qui ſervit à vérifier les calculs aſtrono-
miques des Philoſophes de l'Inde & de
Babylone.

A un mille au ſud-eſt de Syene ſont
de vaſtes carrières de granit rouge, d'où
l'on tira long-tems la matière des Palais des Pharaons, des temples & des
obéliſques.

Vis-à-vis de cette ville eſt la petite
iſle d'Eléphantine, fameuſe par ſon
temple de Cneph & par ſon Nilomètre: elle donna ſon nom à une dynaſtie

de Pharaons. Eléphantine eſt la dernière place de l'Egypte du côté de l'E-
thyopie.

Je n'ai point parlé dans cette notice
de la Thébaïde, de Ptolémaïs, parce que
ſa fondation eſt du ſecond âge de la
Monarchie, ni d'un grand nombre de
petites villes, telles que Lépidotum,
Pampanis, Hiéraconpolis, ou de min-
ces bourgades dédiées à Apollon, à Vénus & aux Crocodiles, parce que cette
nomenclature ſtérile ne répand aucun
jour ſur l'hiſtoire de l'Egypte.

Les Pharaons poſſédaient auſſi quelques ports ſur la mer Rouge. Ptolémée
fait même habiter environ 50 lieues de
ſes côtes par un peuple moitié Arabe &
moitié Egyptien qu'il met au rang des
Ichtyophages.

La dernière ville Egyptienne qu'on
voit dans la carte ſur les bords de la
mer Rouge eſt Bérénice. C'eſt-là qu'on
débarquait les richeſſes de l'Inde qui
devaient être tranſportées par terre à

Coptos: mais cette ville qui ne fut fondée que par Ptolémée-Philadelphe ne
doit pas entrer dans l'hiſtoire de la Monarchie des Pharaons.

DES NOMES ÉGYPTIENS.

LES Egyptiens appellaient Nomes ce que les Perses appellaient Satrapies, & ce que nous nommons Gouvernemens.

Le nombre de ces Nomes a beaucoup varié, soit par le caprice des Rois, soit par l'inexactitude des Historiens : il y a des Ecrivains de l'antiquité qui n'en comptent que trente, d'autres cinquante. Notre Géographe Danville, qui a tracé la carte de l'Egypte pour servir aux trois époques du règne des Pharaons, du gouvernement des Ptolémées & de la domination Romaine en trouve cinquante-trois. Pour nous, qui ne traitons que du premier âge de cette Monarchie, nous nous contenterons de fixer les trente-six Nomes qui, suivant Diodore, formèrent la division de l'Egypte sous Séſoſtris (a).

I. *Le Nome de Ménélas*, dont une ville de Ménélaüs, mentionnée par Strabon, était la capitale. Il eſt probable que ce Gouvernement embraſſait toutes les poſſeſſions Egyptiennes ſur les côtes de la Méditerranée, depuis Tapoſiris ſur le golphe de Plinthine, juſqu'au lieu où le héros de la Macédoine bâtit dans la ſuite Alexandrie.

II. *Le Nome de la petite Hermopolis*, ou ville de Mercure.

III. *Le Nome d'Andropolis*, ou ville de l'Homme. Gynœcopolis, où la ville de la Femme était dans ſa dépendance.

IV. *Le Nome de Létos*, ou ville de Latone, dont dépendait probablement une ville de Nitria, ſituée dans un déſert de ſables, appellé région des Scythes par Ptolémée.

(a) *Hiſt. Univerſ.* lib. 1, parag. 54.

V. *Le Nome de Buto*, qui pouvait embrasser toutes les côtes de la Méditerranée, depuis le lieu où l'on bâtit Alexandrie, jusqu'aux vastes marais connus sous le nom d'Eléarchie.

VI. *Le Nome de Saïs*, dont dépendaient Cabasa, Métélis & Naucratis, devenues probablement toutes trois capitales de Nomes, sous les Ptolémées.

VII. *Le Nome Phthembuthien*, qui avait Taua pour Métropole.

VIII. *Le Nome de Prosopitis*, ayant Nikiu pour capitale.

IX. *Le petit Nome Sebennyte*, dont Pachnanumis était le chef-lieu. Les marais de l'Eléarchie durent être dans sa dépendance.

X. *Le grand Nome Sebennyte.* Je suis tenté de croire que du tems de Sésostris, il embrassait Onuphis & son territoire. Il n'est pas probable que ce Pharaon ait coupé les deux Nomes Sebennytes, en y enclavant un autre Gouvernement de très-peu d'étendue.

XI. *Le Nome de Xoïs*, qui par la même raison n'a pas dû être séparé de Busiris, devenue elle-même un Nome dans des tems postérieurs.

XII. *Le Nome de Mendes*, comprenait la ville de ce nom, Thmuis & cette Panœphisis, dont les Grecs ont fait Diospolis.

XIII. *Le Nome de Léontopolis*, ou la ville des Lions.

XIV. *Le Nome d'Athribis*, ville qui donna son nom à une des grandes branches du Nil.

XV. *Le Nome de Tanis*, une des villes royales de l'ancienne Egypte. Séthron ou la petite Héraclée dut être dans sa dépendance, aussi-bien que toutes les villes situées sur le rivage de la Méditerranée jusqu'à Rhinocorure.

XVI. *Le Nome de Bubaste.* On sait qu'une dérivation du Nil portait le nom de canal de Bubaste.

XVII. *Le Nome de Pharbet*, qui

devait se prolonger jusques vers les frontières de l'Arabie.

XVIII. *Le Nome d'Héroopolis*, ville célèbre qu'on croit l'Avaris de Manethon.

XIX. *Le Nome d'Héliopolis*, une des métropoles de l'ancienne Monarchie. La Babylone d'Egypte dut être dans sa dépendance.

XX. *Le Nome de Memphis.* C'est le premier de l'Heptanomide. Sa capitale fut celle de l'Egypte dans son premier âge. Ce Nome dut avoir la plus grande étendue : je ne doute point qu'il n'embraffât, par exemple, les deux Oafis, quoiqu'éloignées l'une de l'autre de 60 lieues. Des Despotes tels que Séfoftris, voulurent avoir fous leurs mains ces vaftes prifons où ils reléguaient les criminels d'Etat, coupables de leur avoir déplu.

XXI. *Le Nome de Crocodilopolis.* Cette ville des Crocodiles conferva, dans des tems postérieurs, son rang de Nome, en changeant son nom en celui d'Arsinoë.

XXII. *Le Nome de la grande Héracléopolis.* Les habitans de sa capitale avaient construit le labyrinthe.

XXIII. *Le Nome d'Oxyrinque*, s'étendant le long du lac Mœris, tel qu'il paraît dessiné par Hérodote & par Diodore.

XXIV. *Le Nome Cynopolite*, ayant Cô pour capitale.

XXV. *Le Nome de la grande Hermopolis.* La petite était la capitale du second Nome du Delta.

XXVI. *Le Nome d'Aphroditopolis*, ou la ville de Vénus. C'est le seul qu'on connaisse sur la rive orientale du Nil dans toute l'Heptanomide, car le Nome d'Antinoë qu'on voit vers les frontières de la Thébaïde, ne remonte qu'au règne d'Adrien.

XXVII. *Le Nome de Lycopolis*, ou la ville des Loups. C'eſt le premier de la Thébaïde, ſur la rive occidentale du Nil.

XXVIII. *Le Nome Thinite*, dont This, la capitale, était ſituée entre Abydos & une ville connue dans des ſiècles poſtérieurs ſous le nom de Ptolémaïs : elle avait dans ſon reſſort cette Abydos & l'Aphroditopolis de la Thébaïde.

XXIX. *Le Nome de Tentyre*, qui, dans le premier âge de l'Egypte, ne dut pas être ſéparé de celui de la petite Dioſpolis.

XXX. *Le Nome d'Ermonthis*, le dernier que place Ptolémée ſur la rive occidentale du Nil, quand on remonte vers l'Ethyopie.

XXXI. *Le Nome de la grande Apollinopolis*, auquel a dû être annexée la ville de Latopolis & tout le terrein qui s'étend juſqu'aux Cataractes de Syene, frontière de la Thébaïde.

XXXII. *Le Nome d'Antéopolis.*
Cette ville d'Antée, une des plus anciennes de l'Egypte, est la première qu'on trouve sur la rive orientale du Nil, quand on quitte l'Heptanomide.

XXIII. *Le Nome de Panopolis*, dont la capitale portait aussi le nom de Chemnis.

XXXIV. *Le Nome de Coptos*, dont le district, sous les Ptolémées, dut embrasser le vaste désert qui s'étend jusqu'au port de Bérénice, sur la mer Rouge.

XXXV. *Le Nome de Thèbes.* Sa capitale, qui a donné son nom à toute la Thébaïde, s'appellait aussi la grande Diospolis.

XXXVI. *Le Nome d'Ombos.* Son territoire s'étendait jusqu'à l'isle d'Eléphantine, frontière de l'Egypte du côté de l'Ethyopie.

On voit par cette notice, qu'il y avait,
fous Séfoftris, dix-neuf Nomes dans le
Delta, fept dans l'Heptanomide, & dix
dans la Thébaïde.

DE LA

VILLE D'HÉLIOPOLIS,

ET DES RUINES DE SON

TEMPLE (a).

Les Egyptiens qui voyaient, autour du Nil, la nature vivifiée par les feux du soleil, l'adorèrent d'abord en qualité de bon principe. Ils ne faisaient par-là que propager le culte épuré de l'Ouranisme, qu'ils tenaient des peuples, dépositaires des connaissances du monde primitif. Ce culte acquit dans la suite une base encore plus solide,

(a) *Diod. Sicul.* lib. 1. *Description de l'E-gypte* du Consul Maillet, tom. 1, pag. 133 & *Voyages de Pockoke*, tom. 1, pag. 64.

quand les Prêtres qui rédigeaient leurs annales, leur firent croire que dans l'origine de leur Monarchie, l'Aftre des jours était defcendu fur la terre pour les gouverner. Ils lui érigèrent donc des temples ; ils donnèrent fon nom à des villes, & le cifeau de leurs Sculpteurs fe plut à défigurer de mille façons fon image dans leurs hiéroglyphes.

Parmi les villes dédiées en Egypte au Soleil, la plus célèbre eft, fans contredit, Héliopolis, capitale du Delta, avant qu'Alexandre lui donnât une rivale. Une tradition facerdotale en attribuait la fondation à Actis, fils de Rhode & du Soleil (*a*) : fable hiftorique qui, pour tout ce qui n'eft pas Egyptien, ne prouve autre chofe que fa prodigieufe antiquité.

Héliopolis, devenue le centre du culte du Soleil, était principalement habitée

_____

(*a*) *Diod. Sicul.* lib. V.

par les Prêtres; comme ceux-ci avaient
fondé, en Egypte, la religion. l'aftronomie & les arts, ils y avaient acquis,
peu-à-peu, ce prodigieux afcendant que
donnent les lumières, même fur le pouvoir. Les Rois, alarmés de leur ambition, compofaient, pour ainfi dire, avec
elle, & ils faifaient affeoir les Miniftres
orgueilleux du Soleil fur les marches du
trône, afin qu'ils ne fuffent pas tentés
de le renverfer.

Les Prêtres d'Héliopolis, fe trouvant
feuls Architectes de l'Egypte fous les
Pharaons, fe bâtirent des palais magni-
fiques, qui ne le cédaient, en étendue
& en recherches voluptueufes, qu'à ceux
des Rois; c'eft-là qu'ils recevaient les
étrangers qui accouraient en foule, de
l'Afie & de l'Europe, pour fe faire initier
dans les myftères de leur Doctrine. Tout
ce qui n'était pas philofophe parmi ces
étrangers, paffaient, fans s'en douter,
de l'admiration des édifices à celle des
hommes.

C'eſt dans ces palais ſomptueux que logèrent Hérodote, Platon & Strabon, quand ils vinrent étudier, l'un l'hiſtoire de l'Egypte, l'autre ſes loix & ſa morale, & le dernier ſa géographie. Hérodote, en particulier, trop bien accueilli par les Prêtres, ne vit que par leurs yeux leurs monumens, & n'écrivit qu'avec leurs plumes leurs annales.

Il faut rendre juſtice aux Prêtres d'Héliopolis. Lorſque leur ambition fut ſatisfaite, & que grace à la crédulité populaire, qui renverſait toute hiérarchie politique, ils ſe virent des êtres intermédiaires entre les Dieux & les Rois, ils ſongèrent à étendre la ſphère des connaiſſances. L'aſtronomie orientale dut beaucoup à leurs recherches : ils réformèrent leur calendrier ; ils orientèrent les pyramides ; ils élevèrent ſur les terraſſes de leur palais un grand nombre d'obſervatoires.

Le tems deſtructeur & la jalouſie Muſulmane ont inſenſiblement anéanti tous ces monumens : on regrette fur-tout l'obfervatoire d'Eudoxe (*a*) ; foit que ce Philofophe Grec l'eût fait bâtir, foit que les Prêtres l'euffent ainfi nommé pour reconnaître les fervices qu'il avait rendus à l'aftronomie, dans le féjour de treize ans qu'il avait fait à Héliopolis.

On trouve cependant encore quelques ruines de ces monumens célèbres à environ 250 pas de la ville moderne de Matarée : elles rempliffent un efpace d'un mille de long fur un demi-mille de large ; une levée de terre qui les environne, fervira long-tems à faire reconnaître ce terrein facré aux générations futures. Deux entrées, l'une au midi & l'autre à l'occident, conduifaient au temple du Soleil, dont ces ruines, probablement, défignent la vafte enceinte. Voici la defcription que les Anciens ont laiffés de ce fuperbe édifice.

(*a*) Strabon *Géograph.* lib. 17.

Un parallélogramme d'environ huit cens pieds de long fur deux cens de large, fervait d'avenue au temple : de chaque côté on avait placé deux rangs de fphinx, féparés entr'eux par un efpace de vingt pieds, & dans l'intervalle régnaient alternativement des colomnes & des obélifques. De-là on paffait fous un portique, élevé de dix pieds au-deffus de l'avenue, & foutenu par des colomnes de marbre, enfuite, fous un veftibule élevé dans les mêmes proportions, & encore plus richement décoré; enfin on arrivait au temple, qui dominait lui-même fur le dernier veftibule.

Ce temple était compofé d'une nef très-vafte, où l'Architecte avait prodigué les obélifques de marbre & de porphyre, & d'un dôme, élevé fur plufieurs rangs de colonnades, qui fervait de fanctuaire. Les murs intérieurs & extérieurs paraiffaient chargés d'hyéroglyphes, qui retraçaient aux yeux des adeptes toute l'hiftoire de l'ancienne Monarchie.

Les Prêtres, pour augmenter le nombre des merveilles du temple d'Héliopolis, avaient placé près du sanctuaire une espèce de miroir de métal qui recevait les rayons du Soleil par une ouverture de la voûte, & les réfléchissait avec assez d'éclat pour illuminer tout l'édifice. Le peuple, étonné de ce spectacle, croyait sentir la présence du Dieu auquel le temple était dédié, & ce prodige lui rendait vraisemblable le conte sacerdotal qui faisait du Soleil la tige de la dynastie royale des Pharaons.

Il ne nous reste du temple d'Héliopolis, qu'un sphinx & un obélisque.

L'obélisque, suivant le calcul de Pockoke, a 67 pieds & demi de haut; mais dans l'hypothèse que c'est un des quatre que Sochis fit ériger & auquel il donna 77 pieds d'élévation, il faudrait supposer que le terrein s'est élevé de 7 pieds & demi, ce qui joint aux trois pieds de la plinthe, donne précisément la hauteur de l'aiguille de ce Pharaon.

La largeur de l'obélisque est d'une toise du nord au sud, & de quatre pouces de plus de l'est à l'ouest. Le monument est très-bien conservé, excepté du côté du couchant, où il est écaillé à la hauteur de quinze pieds.

Il est probable que le sphinx servait de couronnement à l'obélisque. Le Consul Maillet suppose que l'espérance de trouver un tréfor sous cette idole, engagea un Sultan d'Egypte à la renverser avec des machines ; Pockoke cite de son côté une tradition du pays même, qui veut que Sélim, au siége du Caire, la fit sauter avec de la poudre ; quoi qu'il en soit, ce sphinx, fait d'un seul bloc de marbre jaune, a vingt-deux pieds de long ; la tête en a été séparée avec violence : comme le Nil, dans le tems de sa crue, couvre toutes les ruines d'Héliopolis, la surface entière a été insensiblement minée par les eaux, & on ne la distingue que par ses hiéroglyphes.

A 250 pas de cette enceinte de ruines, & dans la ville même de Matarée, eſt un autre obélifque placé ſur ſon piédeſtal. Il ſervait originairement aux Prêtres d'Héliopolis pour prédire la hauteur future de l'accroiſſement du Nil. Ces impoſteurs ſacrés l'avaient à cet effet ſurmonté d'un chapiteau d'airain, d'où ils avaient le ſecret de faire jaillir autant de gouttes d'eau qu'il était néceſſaire, pour entretenir la crédulité de la multitude.

Cette aiguille faiſait face autrefois à une ſtatue coloſſale, qui était un nouvel inſtrument de ſuperſtition, entre les mains des Prêtres d'Héliopolis ; un oracle avait prédit que jamais Roi d'Egypte ne regarderait en face cette ſtatue, ſans perdre ſa couronne. Le Sultan Mohamed, qui régnait vers l'an 812 de l'Ere vulgaire, alla voir ce monument & le fit renverſer. Quelques mois après, le Prince tomba dans une maladie de langueur, qui le conduifit au tombeau, & le peuple des obfervateurs crut l'oracle vérifié.

DE MEMPHIS

ET

DE SES MONUMENS.

IL faut fe garder de l'enthoufiafme oriental, quand on décrit les trois grandes métropoles de l'Egypte. Voici le conte des Arabes fur la fondation de Memphis (*a*).

Il y a un peu plus de cinquante mille ans que l'Egypte était gouvernée par les premiers Pharaons ; ils faifaient leur réfidence à Syene, dont les murs à cette époque étaient baignés par la Méditerranée. Dans la fuite, la mer ayant in-

____

(*a*) *Defcription de l'Egypte* du Conful Maillet, tom. 2, pag. 3.

fenfiblement baiffé, ces Monarques la fuivirent aux traces de fa retraite & tranfportèrent toujours fur fes rivages le fiége de leur empire ; enfin au bout de quarante mille ans, les eaux ayant laiffé à découvert toute l'Hepta-nomide, il fe forma à fon extrémité un village de *Memphta*, mot qui, dans la langue primitive des Egyptiens, fignifie *féjour des exilés*, parce qu'on y reléguait les criminels d'Etat, & les courtifans qui avaient le malheur de déplaire aux Pharaons. Ce village de Memphta fut le berceau de la célèbre Memphis. Un Roi y ayant élevé un palais pour y venir refpirer, dans l'été, un air moins brûlant que celui de la Thébaïde, les Grands l'imitèrent, & peu-à-peu *le féjour des exilés* devint la métropole de l'Egypte.

La tradition Grecque n'a pas plus d'authenticité que celle des Arabes. Elle veut que la fille d'un Pharaon, nommée Memphis, ait donné fon nom à cette ville, que son père avait fondée ; cette Princesse Memphis, ajoute-t-on, fut aimée du Nil, qui, pour jouir d'elle, se transforma en taureau, & en eut un fils nommé Ægyptus (a). On pourrait justifier le roman de ces amours, en les regardant comme l'emblême de la création de l'Egypte, par les eaux du fleuve générateur qui l'arrose ; mais il faut pour l'histoire, des faits & non des allégories.

Le récit de Diodore est un peu plus digne d'un siècle de lumières (b). Suivant cet Historien judicieux, Memphis ne remonte pas plus haut que le règne d'Uchorée, le huitième des successeurs d'Osymandias. Ce Prince choisit, pour la nouvelle ville dont il voulait être le fondateur, la plaine fortunée, où le Nil se partage en plusieurs canaux, pour

___

(a) *Diod. Sicul.* lib. 1, sect. 2, parag. 7.
(b) *Hist. Univers.* lib. 1, sect. 2, parag. 7.

former le Delta. Son projet était qu'elle dominât sur les diverses branches du fleuve divisé, ce qui la rendrait la clef, soit de la basse-Egypte, soit de l'Hepta-nomide.

Memphis, dans cette position, pouvait être inondée tous les ans, pendant quatre mois, par les crues régulières du Nil. Uchorée fit élever une espèce de montagne artificielle du côté du midi, pour contenir ce fleuve dans son lit, & construisit de vastes canaux autour des remparts qui recevaient ses eaux sura-bondantes. On avait tiré le même parti de l'Euphrate dans la fondation de Ba-bylone.

Diodore donne à Memphis une en-ceinte de 150 stades ; s'il a entendu par-là le stade commun de l'Egypte, cette mesure répond à un peu plus de trois de nos lieues légales ; si, comme la haute idée qu'il nous donne de cette Ninive Egyptienne semble l'indiquer, c'est le stade majeur qu'il a eu en vue, l'enceinte dont nous parlons ferait d'environ fept lieues ; au refte, le merveilleux de cette prodigieufe étendue difparaît , quand on fçait qu'il y avait dans Memphis de vaftes réfervoirs pour les eaux du Nil , plufieurs parcs plantés de Palmiers, d'Acacias & de Sycomores, & un palais pour les Pharaons, environné d'immenfes jardins , qui le difputait en étendue à ceux des Rois de Babylone.

Comme les ruines même de Memphis n'exiftent plus depuis long-tems , les Géographes ont été embarraffés pour fixer fon emplacement ; mais un texte de Pline, où le Philofophe dit que les pyramides étaient fituées entre cette ville & le Delta (a) , diffipe à cet égard tous les nuages.

Le fondateur de Memphis commença ce fuperbe Palais des Pharaons , qui s'é-

_____

(a) *Sitæ funt . . . inter Memphim oppidum, & quod appellari diximus Delta.* Voy. *Hiftor. Natur.* lib. 36 , cap. 16.

tendait, suivant une tradition Orientale, d'une extrémité de la ville à l'autre ; cependant, ajoute Diodore, il n'égala point la magnificence de ses Prédéceſſeurs ; ceux-ci, perſuadés que ce globe n'eſt qu'un lieu d'exil pour les êtres qui l'habitent, s'occupèrent peu à embellir leur priſon : mais ils réſervèrent toute leur magnificence pour les tombeaux, emblême de leur liberté future. Voilà pourquoi les palais des Rois d'Egypte ne ſubſiſtent plus, tandis que les pyramides qui renferment leurs cendres, ſemblent conſtruites pour l'éternité.

Ces pyramides, ainſi que le labyrinthe & le lac Mœris, tiennent, ſoit par leur poſition, ſoit par leur origine, à l'hiſtoire de Memphis ; mais comme ces monumens ſont faits pour donner aux ſiècles une idée du génie Egyptien, nous nous réſervons d'en parler en détail dans la ſuite de cet ouvrage

Parmi les merveilles de Memphis, on comptait des ſtatues coloſſales de ſphinx,

qui déja, du tems de Strabon, étaient en-
févelies fous le fable, des obélifques de
granit formés d'un feul bloc, quoique
d'une hauteur prodigieufe, & fur tout
un temple magnifique, érigé en l'honneur du bœuf divinifé, fi connu fous le
nom d'Apis. Le peuple ftupide, pour qui
le culte d'un bœuf était plus fait que celui du foleil, préférait ce premier péle-
rinage à celui d'Héliopolis.

DE THÈBES,

DE SES TEMPLES, ET DE SES ÉDIFICES.

LE nom de Thèbes a été donné à un grand nombre de villes de l'antiquité ; outre celle de la Béotie que fonda Cadmus, il y en avait une dans la Lucanie & une autre dans la Troade. Le Commentateur Euftathe croit même qu'on pourrait en compter jufqu'à neuf ; mais la Thèbes d'Egypte eft la Thèbes par excellence. Le nom de Diofpolis, par lequel on la diftingue des huit autres, vient du fameux temple qu'elle avait érigé en l'honneur de Jupiter.

Thébes s'étendait prefqu'également fur la rive orientale & fur la rive occidentale du Nil ; la partie orientale s'appellait Thèbes, & l'autre *Memnonium.*

Quelques Ecrivains prétendent que Thèbes fut bâtie par Osiris, d'autres par Busiris II. Osiris, suivant le calcul de Manéthon, commença à régner il y a 7860 ans. Busiris II, qu'on ne voit que dans la chronologie de Diodore, serait monté sur le trône il y a environ 5930 ans (*a*). Tous ces calculs font remonter trop haut l'origine de Thèbes; à cette époque l'Egypte était probablement en grande partie sous les eaux; & quand le pays lui-même n'existe pas, il ne faut pas en chercher la capitale.

Il n'y a pas moins de nuages sur l'étendue de Thèbes que sur sa fondation; suivant Diodore, Busiris ne fit son circuit

____

(*a*) Diodore, *Histor. Univers.* lib. 1, sect. 2, prétend qu'après Menès, qui monta sur le trône il y a 7552 ans, cinquante-deux Rois fainéans régnèrent en Egypte pendant quatorze siècles; qu'ensuite Busiris I. devint Roi, & après lui sept Pharaons anonymes. Il ajoute que ce fut au dernier que succéda Busiris II. Or, si vous supposez vingt ans de règne, l'un

que de 140 ſtades (*a*). Strabon qui avait accompagné dans cette ville Ælius Gallus, qu'Auguſte en avait nommé Gouverneur, veut que ſa longueur ſeule fût de 80. Caton, cité par Etienne de Byzance, étend cette dernière dimenſion juſqu'à 400 ſtades, & Euſtathe dans ſes Commentaires ſur Denys Periegete, en ajoute encore vingt au calcul de Caton. Il eſt impoſſible, après tant de ſiècles, de déterminer quelle eſt la plus exacte de ces évaluations. Dans l'hypothèſe de Diodore, l'enceinte de Thèbes n'eût pas été de trois lieues, & dans celle d'Euſtathe elle aurait pu être de trente. Le premier

---

portant l'autre, à chacun des huit Rois, prédéceſſeurs du ſecond Buſiris, & que vous ajoutiez à votre calcul les 62 ans du règne de Menès, vous trouverez l'évaluation que je viens de donner. — Au reſte, toute cette chronologie de Diodore n'a qu'une baſe de ſable, comme on pourra le voir par notre tableau des faſtes de l'Egypte.

(*a*) *Hiſtor. Univ.* lib. 1, ſect. 2, parag. 4.

récit eft peu vraifemblable , & le fecond eft abfurde. Il eft évident qu'une ville qu'on nous repréfente avec cent portes dès fon origine , & qui fe trouve coupé par un fleuve aufli large que le Nil , doit avoir plus de trois lieues de circonférence. Pour la Thèbes d'Euftathe aux trente lieues de circuit , elle n'eft bonne qu'à loger les Titans des Métamorphofes.

C'eft Homère qui , dans fon Iliade , a parlé le premier des cent portes de Thèbes & des vingt mille chars armés en guerre, que fes Souverains en faifaient fortir. Les cent portes que nous avons déja vues dans Babylone, ne bleffent pas la vraifemblance , mais les vingt mille chars, dans un pays hériffé de montagnes & coupé par une infinité de canaux , où il eft impoffible à la cavalerie de manœuvrer, doivent être mis, dans Homère, à côté de l'embrâlement du fleuve Scamandre, & de la bleffure faite à la Déeffe des amours par le javelot de Diomède (a).

____

(a) La crédulité de Diodore vient à l'appui

S'il fallait en croire Diodore, qui remplit Thèbes, dès le tems de sa fondation, de maisons de quatre ou cinq étages, la population de cette ville aurait dû être plus grande que celle de nos capitales de l'Europe moderne ; malheusement à cette époque, l'Egypte encore inondée, ne devait être couverte que de radeaux.

Les Anciens citent parmi les monumens de Thèbes quatre temples, dont un sur-tout passait pour une des merveilles du globe : ses murs épais de 24 pieds, en avaient un peu plus de 71 de hauteur, & son enceinte totale était de treize stades ou de 667 toises. Cambyse y fit mettre le feu, ainsi qu'à tous les édifices sacrés de l'Egypte ; mais les ri-

---

de celle d'Homère, quand il dit, *lib.* 1, *loc. citat.*, que la preuve de l'existence des vingt mille chars est dans les cent écuries qu'on avait construites le long du Nil, & qui renfermaient chacune deux cens chevaux.

' cheffes que l'avidité facerdotale & la crédulité des peuples y avaient raffemblées, fe trouvaient fi confidérables à l'époque de ce défaftre, que quand la flamme eut dévoré la plus grande partie de ces afyles religieux, & que toute l'armée des Perfes fe fut enrichie, il échappa encore à l'incendie & au pillage plus de trois cens talents d'or & de deux mille trois cens talents d'argent (*a*), fomme qui équivaut prefque a trente-quatre millions.

Le fcepticifme Philofophique peut s'exercer fur ces trente-quatre millions d'offrandes, mais non pas fur la grandeur du premier des temples de Thèbes. Ses ruines occupent encore près de mille toifes d'intervalle ; le fçavant Pockoke les a mefurées, & c'eft d'après lui que nous allons décrire ce monument (*b*).

(*a*) *Diodor. Sicul.* lib. 1, fect. 2, par. 4.
(*b*) *Voyages de Pockoke*, lib. 2, chap. 4.

Le grand temple de Thèbes a huit entrées, dont trois ont des avenues immenses, bordées de sphinx & de statues. Quatre grands portiques leur succèdent; le calcul leur donne à chacun trente-cinq pieds d'épaisseur, cent cinquante de longueur & environ soixante de haut. Comme ils vont en diminuant jusqu'au comble, on pourrait les appeller des portes pyramidales. Le premier de ces portiques, le seul qui se soit bien conservé, est de granit rouge, décoré de figures colossales & chargé d'hiéroglyphes en compartiment.

A l'orient des portiques, on voit les restes d'un château d'eau, où l'on faisait monter l'eau du Nil pour servir aux sacrifices. C'est-là que commencent les murs qui forment la vraie enceinte du temple.

La plus majestueuse des entrées du temple est celle de l'occident; la porte qui la termine a quarante pieds de large sur cinquante d'épaisseur aux fondemens;

ce qui prouve sa haute antiquité , c'est qu'elle est du goût le plus simple , sans saillies , sans bas-reliefs , & même sans hiéroglyphes.

Cette espèce d'arc-de-triomphe conduit à une grande cour , de chaque côté de laquelle est une terrasse de quatre-vingt pieds de large & haute d'une toise , où l'on montait par un escalier pratiqué dans une colonnade.

On arrive ensuite au temple intérieur par un vaste pérystile , dont les colonnes ont quarante pieds de haut , sur huit de diamètre. L'architecture des chapiteaux a la forme d'un vase dont les ornemens ne consistent qu'en quelques figures linéaires ; ils sont surmontés d'une pierre quarrée qui servait de piédestal à des statues.

Il y a dans le Temple intérieur seize rangs de colonnes d'un côté & dix-huit de l'autre. Celles du milieu ont onze pieds de diamètre. Au-dessus de l'espace qui est entr'elles, paraissent des espèces de fenêtres avec douze treillis de pierre à chacune, qui forment comme des meurtrières ; il eſt probable que la lumière entrait dans le temple par ces ouvertures, ce qui eſt d'autant plus extraordinaire, qu'en général les Prêtres Egyptiens éclairaient peu leurs édifices ſacrés, pour rendre plus impoſante la majeſté de leurs cérémonies.

A l'orient de ce temple intérieur, on voit un ſallon tout entier de granit rouge, qui ſervait de ſanctuaire , & où l'on croit qu'on conduiſait tous les ans la Vierge qu'on dévouait à Jupiter.

Ce temple était vraiſemblablement environné d'obéliſques. Il en reſte encore quatre de granit dans l'avenue méridionale, dont deux ont ſoixante-deux pieds quatre pouces de haut ſur une toiſe de diamètre ; & les autres , ſept pieds ſix pouces en quarré, ſur ſoixante-treize d'élévation.

D E   L A

STATUE DE MEMNON,

ET DU TOMBEAU D'OSY-
MANDIAS.

QUELQUE reſtriction que doive mettre le ſcepticiſme aux deſcriptions emphatiques des Anciens, il nous reſte encore aſſez de faits pour faire de Thèbes du moins une ſeconde Perſépolis. Le Conſul Maillet dit qu'il faut trois jours entiers pour faire le tour de ſes ruines. En vain le déſpotiſme des Perſes, le fanatiſme Muſulman & le torrent de vingt ſiècles écoulés, ſe ſont ils acharnés ſur cette Métropole de l'Egypte, ſes débris tout informes, tout mutilés qu'ils ſont, atteſtent à tous les yeux ſon ancienne magnificence.

L'Egypte en général eſt avec la Grèce

& Rome, le pays du monde le plus fécond en antiquités. Tous les Voyageurs atreftent que le Nil, dans l'efpace de plus de cent cinquante lieues, eft bordé de montagnes, de ruines. On y voit, dit le plus fçavant d'entr'eux (a), des Temples prefqu'entiers, d'autres à demi-renverfés, où l'or & l'azur brillent encore dans les voûtes ; ailleurs paraiffent des obélifques d'une feule pierre, des idoles coloffales ; l'une de ces dernières eft fi prodigieufe, que fon oreille feule a 15 pieds de diamètre, l'idole elle même eft enfévelie fous les fables jufqu'aux épaules ; & il n'en eft pas des ruines de l'Egypte, comme de celles de notre Europe. Cent ans font moins de ravages fur le fol de l'ancienne Thèbes, qu'une feule année à Londres ou à Pétersbourg. Les frimats font inconnus en Egypte ; la pluie n'y tombe prefque jamais ; le tems n'a de

______

(a) Voy. *Defcription de l'Egypte* du Conful Maillet, tom. 2, pag. 53.

prife fur les édifices que par l'action infenfible du vent & du foleil.

C'eft fur-tout dans la Thèbes occidentale, c'eft-à-dire, au quartier Memnonium
que la furprife redouble à l'afpect des
monuments que la patience Egyptienne
a confacré au défpotifme des Pharaons.

On arrive à cette feconde Thèbes par
une rue bien étrange ; ce font deux rochers parallèles , dans lefquels on a
creufé des maifons , dont quelques-unes
font foutenues par des colonnes. On croit
que ce font les premières demeures des
Egyptiens , lorfque leurs hordes vaga-
bondes ceffèrent d'habiter des tentes.

C'eft dans d'autres rochers du Memnonium qu'on avait érigé les tombeaux
des Rois de Thèbes. Strabon & Diodore
s'accordent à en compter quarante-fept ;
mais il y en avait déja trente de détruits
fous le règne de Ptolémée , fils de Lagus.
Le cifeau des Artiftes avait fculpté dans
ces carrières jufqu'à des obélifques , avec
des infcriptions en hiéroglyphes , qui

tranſmettaient aux générations l'étendue, de leur empire & leurs exploits.

Il ne reſte aujourd'hui que neuf de ces monuments ; on y entre par diverſes galeries taillées dans le roc, dont quelques-unes ont cinquante pieds de long ſur ſeize de haut : elles conduiſent la plupart à des ſalles ſpacieuſes, ornées de figures hiéroglyphiques, les unes peintes & les autres en relief ; les premières, malgré un laps de près de vingt-cinq ſiècles, ont la même fraîcheur, que ſi le Peintre venait de les colorier. Ces ſalles ſont les tombeaux des Pharaons ; tantôt ils y paraiſſent ſculptés de grandeur naturelle, tantôt on s'eſt contenté de les repréſenter en relief ſur le couvercle de la tombe.

Le tombeau d'Oſymandias était le plus célèbre des quarante-ſept monumens de ce genre élevés en l'honneur des Pharaons ; aujourd'hui il eſt détruit, & nous n'avons pour en atteſter l'exiſtence à la poſtérité, que les conjectures de

Pockoke , & le récit peut-être un peu fufpeét de Diodore (a).

Le tombeau d'Ofymandias , fuivant l'Hiftorien Grec , était placé à dix ftades de ceux qui renfermaient la cendre des concubines de Jupiter. On y arrivait par un veftibule bâti de pierres coloriées , dont la longueur était de deux cens pieds & la hauteur de plus de foixante-onze. De-là on entrait fous un péryftile quarré , dont chaque côté avait 400 pieds ; au lieu des colonnes qui devaient foutenir la faîte , on avait placé des coloffes d'animaux , chacun d'un feul bloc , taillés à l'antique , & hauts de vingt - cinq pieds. C'étaient des quartiets de roc de vingt-fept pieds en tout fens , qui formaient le plafond ; on en avait caché les joints par un vernis d'un fond bleu , femé d'étoiles.

Ce péryftile précédait divers portiques,

(a) *Hift. Univerf.* lib. 1 , feét. 2 , parag. 5.

qui menaient à un vaste sallon, où paraissaient trois figures colossales, grouppées ensemble & taillées dans le même bloc ; l'une représentait Osymandias assis, & les deux autres sa femme & sa fille appuyées sur ses genoux. On peut juger de l'immensité de ce grouppe par le pied du Roi, qui s'est trouvé avoir près de deux toises.

Tout cet ouvrage était encore moins recommandable, dit-on, par sa grandeur que par le fini du travail, & par le choix de la pierre qui, dans une surface aussi étendue, n'avait pas la plus légère tache. On avait gravé ces mots sur la statue du Pharaon : » Je suis Osyman- » dias, Roi des Rois : si quelqu'un veut » connaître ma grandeur & savoir où » ma cendre repose, qu'il tente de dé- » truire ce monument «.

De cette grotte merveilleuse, on passait dans une autre où on avait gravé l'histoire de la conquête de la Bactriane par Osymandias. Les captifs faits par le héros étaient représentés ayant l'organe générateur & les mains coupées, symbole de la faiblesse avec laquelle ils avaient défendu la patrie.

On sortait de ce sallon par trois portes, & l'on entrait dans un édifice de deux cens pieds de profondeur, posé sur une colonnade, & ressemblant à un théâtre. Là paraissaient une infinité de figures en bois ; c'était le peuple assemblé, qui écoutait avec respect les oracles d'un Sénat occupé à rendre la justice. Le Président de l'Aréopage siégeait sur une espèce de trône, ayant une pile de livres à ses pieds, & portant suspendue à son col la figure de la vérité.

Les merveilles dont la crédulité Grecque a entouré le tombeau d'Osymandias, ne sont pas encore épuisées. Le théâtre était contigu à une place publique, environnée de palais. Dans l'un, le Roi, en habit de cérémonie, offrait aux Dieux les prémices de ses revenus ; un autre était consacré à la bibliothèque du

Pharaon ; on lifait ces mots : *Remèdes de l'Ame* , fur le fronton du Portail. Le troifième palais renfermait les ftatues de tous les Souverains de l'Egypte. Ofymandias femblait y attefter toutes ces ombres royales , qu'il avait été toute fa vie l'ami de Dieu & des hommes. Le dernier Palais, dont parle Diodore, contenait vingt tables facrées avec des lits autour , fur lefquels repofaient les images de Jupiter, de Junon & d'Ofymandias.

C'eft de cette place publique qu'on montait au vrai monument du héros Egyptien. On avait environné fa tombe d'un cercle d'or qui avait une coudée dépaiffeur & trois cens foixante cinq de circonférence. Le lever & le coucher des aftres était repréfenté fur fa furface, & fervait de bafe aux travaux des Aftronomes.

Nous avons déja eu occafion de relever dans l'hiftoire des Perfes l'abfurdité de ce conte du cercle d'or, qui,

évalué au cours de notre monnoie actuelle,
vaudrait 3,257,260,000 livres , & avec
lequel on aurait acheté l'Egypte toute
entière, si cependant ses Rois Eunuques,
son peuple esclave & son pays de rochers , avaient valu la peine d'être
achetés.

Pockoke , plein de la lecture de Diodore , a cru voir à Luxerein , situé à
une petite lieue au-dessus de Memnonium, les restes du tombeau d'Osymandias ; mais les ruines des édifices n'a-
noncent pas la grandeur du monument ;
les obélisques n'ont pas les mêmes proportions ; le peu de statues colossales qui
paraissent à demi-enterrées dans le sable
ont entr'elles une autre situation respec-
tive ; ce n'est qu'à force de conjectures
ingénieuses , que Pockoke peut concilier une partie de son récit avec le texte
Grec ; encore on sent à chaque instant
qu'avec cette manie de tout interpréter , non dans le sens qui est , mais
dans celui qu'on cherche , Pockoke au-

rait pu trouver, dans les ruines de Luxerein, le labyrinthe de Crète, ou le palais
d'or de Néron, tout aussi bien que le
tombeau d'Osymandias.

Le dernier monument de la Thèbes
occidentale qui mérite les regards de
l'Historien des Hommes, est la statue
de Memnon, sur laquelle la plume des
Poètes s'est si souvent exercée, qu'à force
de célébrer cette merveille, ils ont réussi
à en faire soupçonner l'existence.

La statue de Memnon était un colosse d'une seule pierre, représentant
un héros assis ; chaque jour, disait-on,
au lever du soleil, cette statue rendait
du côté de sa base, un son pareil à
celui de la corde d'une harpe, quand
elle vient à se casser.

Pausanias, qui quelquefois a voyagé
en Grèce, dans le même esprit que Paul-
lucas en Orient, ajoute encore au prodige en disant, que quoique de son tems
la moitié du colosse fût renversé, le
fragment qui restait sur la base résonnait

de même, lorsqu'il était frappé par les rayons du soleil levant (.).

Le plus crédule des Historiens de Memnon, est Philostrate. Voici le texte : il porte avec lui son antidote. » La statue
» du héros, dit-il, représente un jeune
» homme sans barbe; elle est tournée
» du côté de l'orient, & ses deux pieds
» sont joints, suivant la pratique de
» la sculpture au siècle de Dédale. Mem-
» non est assis, mais sur le point de
» se lever. L'attitude de cette statue,
» la vivacité de ses regards, sa bouche
» qui semble s'ouvrir pour parler, ne
» frappèrent pas d'abord nos voyageurs :
» mais ils furent pénétrés d'admiration,
» lorsqu'au lever de l'astre du jour, ses
» rayons vinrent le frapper. Au mo-
» ment où ces émanations de la lu-
» mière arrivent à la bouche de Mem-
» non, le héros parle, ses yeux étin-

____

(a) Lib. I , cap. 42.

» cellent, il regarde le foleil, comme
» un être fenfible que fes feux vivifient.
» Ce prodige nous fit entendre pour-
» quoi l'Artifte a fculpté la ftatue dans
» l'attitude d'une perfonne qui fe lève;
» c'eft que naturellement on fe lève,
» pour préfenter fon hommage à la di-
» vinité (*a*).

Les Hiftoriens s'accordent peu fur le véritable héros à qui l'antiquité érigea cette ftatue merveilleufe. Les uns veulent qu'elle repréfente réellement Memnon, Roi d'Ethyopie; d'autres, fondés fur une tradition du pays même, prétendent que c'eft l'ouvrage d'un Roi de Thèbes, qu'ils appellent Phamenophes : le plus grand nombre s'accorde à trouver Memnon dans ce fameux Séfoftris, qui écrafa l'Egypte du poids de fa gloire & de fon orgueil.

(*a*) Philoftr. *Vit. Apollon. Tyan.* lib. 6, cap. 4.

L'antiquité varie encore fur la nature du prodige ; Strabon qui voulut s'en affurer par lui-même, entendit, il eft vrai, la réfonnance harmonieufe, mais il n'ofe décider fi un bruit auffi extraordinaire partit de la bafe de la ftatue, plutôt que des perfonnes qui l'environnaient (*a*), & qui pouvaient avoir quelqu'intérêt à empêcher qu'on ne traitât cette tradition facrée d'impofture.

Ce fcepticifme de Strabon a ici d'autant plus de poids, que quelques pages auparavant, fa crédulité s'eft exercée fur le poiffon formidable du Nil qu'on adorait à Crocodilopolis ; on s'attendait que l'Ecrivain qui avait vu des Crocodiles apprivoifés, pouvait entendre réfonner des pierres.

Tout cet appareil magique fe détruit à mes yeux, quand j'obferve que cette ftatue de Memnon était voifine d'un

---

(*a*) *Géograph.* lib. 18.

temple. Je conçois comment des Prêtres, cachés dans la bafe, ont pu en impofer à cet égard à la crédulité de la multitude ; on a déja été à portée de juger de leur adreffe, par la machine hydraulique avec laquelle ils prédifaient la hauteur du débordement du Nil, à ceux des Egyptiens qui les croyaient prophêtes.

Pockoke, qui a deviné le tombeau d'Ofymandias, a trouvé dans les ruines de la Thébaïde deux ftatues de Memnon pour une : elles font à un mille de diftance l'une de l'autre, & le Lecteur peut choifir. Voici l'analyfe de cette partie de fon voyage (a).

» Au fortir du temple, j'allai voir
» les ftatues de Médinet-Habou, que
» j'appelle les ftatues coloffales de Mem
» non. Elles font d'une forte de granit
» poreux, qui reffemble à la pierre d'ai-

______

(a) Voy. tom. 1, pag. 289, &c.

» gle, & éloignées l'une de l'autre de
» cinq toifes. Le piédeftal de la ftatue
» du nord a trente pieds de long fur dix-
» fept de large, & celui de la ftatue du
» midi trente-trois dans la première di-
» menfion, fur dix-neuf dans l'autre Le
» premier de ces coloffes a été rompu
» au-deffus des bras qui reftent pofés
» fur fes cuiffes. On compte un peu plus
» de trois toifes depuis la plante des
» pieds jufqu'au haut des genoux. Le
» monument eft formé de cinq affifes
» de pierre. On lit fur la bafe une épi-
» gramme Grecque, & fur les jambes de
» la ftatue diverfes infcriptions en tou-
» tes fortes de langues, dont les unes
» atteftent le prodige de la réfonnance
» harmonieufe, & les autres font des
» ftances lyriques en l'honneur de Mem-
» non.

» La ftatue du midi eft d'un feul
» bloc, mais le granit s'eft fendu à di-
» verfes diftances.

» A trois cens pas des coloffes de

» Memnon, font d'autres ftatues muti-
» lées & chargées d'hyéroglyphes qui fer-
» vaient d'avenue à un temple de Mem-
» nonium.

» A un mille de là, du côté de l'o-
» rient, font les débris de deux autres
» coloffes de granit noir, dont l'un
» paffe pour l'antique ftatue harmonieufe
» de Memnon, qui fut brifée par les
» Perfes, dans le tems de l'expédition
» de Cambyfe «.

Pockoke aurait pu décider la queftion
en répétant l'expérience de la réfonnance
harmonieufe ; mais les Egyptiens lui di-
rent que depuis long-tems le miracle
avait ceffé, & c'eft une nouvelle preuve
que fi jamais Memnon a été muficien,
il ne l'a dû qu'aux Prêtres qui montaient
fon inftrument au lever du foleil.

D E L A
DURETÉ DU CLIMAT,

ET DU MALHEUR D'ÊTRE NÉ EN ÉGYPTE.

LE premier préjugé à détruire dans l'Histoire de l'Egypte, regarde le peu de salubrité de son climat; de tout tems on a représenté ce pays comme le Paradis terrestre du globe, comme s'il avait pu y avoir un Paradis terrestre en Afrique ! ainsi on en a imposé sur la terre, avant d'en imposer sur les hommes qui l'habitent.

La situation de l'Egypte dépose d'abord contre la pureté de l'air qu'on y respire. Le Delta, inondé par le Nil une partie de l'année, n'est alors qu'un vaste marais ; & quand le fleuve se retire , couvert d'eaux ftagnantes , il ne voit s'élever de fon fein que des exhalaifons fétides, d'où naiffent les épidémies. La longue vallée qui s'étend depuis le Delta jufqu'à Syene , n'eft pas plus favorifée de la nature ; les deux chaînes de montagnes qui la bordent réfléchiffent les feux du foleil, les concentrent , & font l'effet d'un miroir ardent dont la haute Egypte eft le foyer. Ajoutons que le nitre, ré-pandu fur la furface du fol & dans l'air, eft mortel à la vue des habitans. Auffi a-t-on remarqué qu'il n'y a aucune con-trée dans les deux mondes où il fe trouve autant d'aveugles qu'en Egypte (*a*).

Les pluies, qui dans les étés de nos climats épurent l'atmofphère, font pref-qu'inconnues dans la haute Egypte : il y a des intervalles de dix ans, où il n'y tombe pas une feule goutte d'eau. Les habitans, à l'afpect d'un nuage, remer-

____

(*a*) *Voyages de Pockoke* , liv. 4, chap. 6.

cient le ciel, comme les peuples qui bordent le cercle polaire, à la renaiffance du foleil.

Le vent du midi ou le *Merify*, eft celui qui domine en Egypte. Tantôt il parcourt quelques points de l'eft au fud, & alors on croit être au centre de la zône torride. Les hommes, pour ne pas refpirer fon haleine enflammée, fe retirent dans les caves & en ferment les ouvertures. Tantôt il fouffle du fud à l'oueft, & alors il fait élever des tourbillons de fable qui obfcurciffent le foleil. La pouffière pénètre dans les appartemens fermés avec le plus de foin, & couvre le lit nuptial où deux époux repofent. Les Poëtes orientaux, pour peindre ces effets étranges, difent qu'elle s'infinue au travers de la coque d'un œuf. C'eft ce même vent qui engloutit dans les fables l'armée que Cambyfe envoya dans les plaines d'Ammon, pour piller le temple de Jupiter.

Le fol de l'Egypte, fi on excepte les

plaines fécondées par le Nil, n'eſt par-
tout qu'un ſable ſtérile; les deux chaînes de montagnes qui la traverſent dans
ſa longueur encore plus inacceſſibles à
la culture, au lieu d'une terre végétative qui remplirait l'attente d'un peuple
citoyen, ne fourniſſent que de vaſtes
carrières d'où les eſclaves des Pharaons
allaient tirer la matière de leurs pyramides.

Il n'y a en Egypte ni ſources ni fontaines; l'eau du Nil eſt la ſeule qu'on y
puiſſe boire, & elle doit être mal-ſaine
au tems de ſa crue. La prétendue ſource
qu'on place au puits de Joſephe n'exiſte
point; ce puits communique au fleuve,
puiſqu'il hauſſe & baiſſe avec lui; ſeulement ſon eau eſt inférieure, à cauſe du
ſol nitreux qu'elle traverſe pour arriver
au monument du Patriarche.

Ceux des Anciens à qui les fables des
Prêtres d'Héliopolis n'en impoſaient pas,
étaient perſuadés que la ſeule partie de
l'Egypte que des hommes puſſent habiter

était celle que le Nil inonde (*a*), le reste ils le comprenaient sous la vague dénomination de déserts.

Mais ce terrein qui reçoit les inondations périodiques du Nil est très resserré ; à peine offre-t-il de Syene à la mer deux mille lieues quarrées qui se prêtent à la culture (*b*). La France, malgré ses landes, ses marécages & ses forêts, en a près de vingt mille ; ainsi, toute proportion gardée, nous devons avoir une population dix fois plus nombreuse que la Monarchie des Pharaons.

Ce calcul si simple rend plus que suspectes les Annales sacrées de l'Egypte, qui comptaient dans le pays, sous les successeurs de Menès, dix-huit mille villes enceintes de murailles (*c*). Suivant

---

(*a*) Strabon *Géograph.* pag. 786.

(*b*) Danvil. *Rech. sur l'Egypte*, pag. 26.

(*c*) *Diod.* lib. 1, sect. 1, parag. 17. Eusèbe dans sa *Prapar. Evangel.* dit qu'il y en avait vingt mille sous le règne d'Amasis.

ce principe, il y en aurait eu neuf dans une lieue quarrée, ou plutôt l'Egypte entière n'aurait été qu'une seule ville de 167 lieues de long, qui aurait touché d'un côté à notre Méditerranée, & de l'autre aux montagnes de l'Ethiopie.

Si les Prêtres d'Héliopolis en ont imposé à la postérité, en plaçant 18 mille villes sur deux mille lieues de terres cultivables, que penser de Théocrite, qui en compte trente-trois mille trente-trois sur la même surface au règne de Ptolémée Philadelphe (a) ? Il est vrai que ce calcul absurde se trouve dans le même ouvrage où l'on fait parler les aigles, & pousser des cris de joie aux Isles, ce qui affaiblit un peu l'autorité du Poète de Syracuse.

Il fallait peupler les 18 mille villes des Prêtres d'Héliopolis ; aussi l'imagination orientale a été conséquente dans ses hyperboles ; on a dit que Thèbes pou-

______

(a) *Idylle* 17.

vait faire fortir dix mille foldats par chacune de fes cent portes ; on a affuré que l'Egypte, fous fes premiers Rois, comptait vingt-fept millions d'hommes (*a*).

Diodore, plus près de la vérité que nous de dix-fept fiècles, avoue qu'au tems où l'Egypte était la plus floriffante, un dénombrement général fait par les Pharaons, n'y trouva que fept millions d'habitans, & il ajoute, comme un phénomène fingulier, que ce pays dégradé en renfermait encore trois (*b*). On peut obferver que Diodore, né fous Jules Céfar, n'a été poftérieur que d'environ deux fiècles à Philadelphe, ce qui met dans

---

(*a*) *Suivant les recherches les plus exactes, l'Egypte avait, fous fes premiers Rois, vingt-fept millions d'habitans ;* voyez l'ouvrage, d'ailleurs eftimable, de *l'Origine des Loix & des Arts,* tom. 3, pag. 26.

(*b*) *Hiflor. Univ.* lib. 1, fect. 1, parag. 17.

le plus grand jour, l'absurdité du conte
des 23,033 villes de Théocrite ; car en
supposant un million d'habitans pour la
campagne & autant pour peupler Alexandrie, Thèbes, Memphis & les grandes
métropoles de l'Egypte, il n'en reste
plus qu'un million à répartir sur plus
de trente mille villes, ce qui réduit la
population de chacune à trente-trois
hommes.

Il ne suffisait pas de donner vingt-
sept millions de sujets aux Pharaons ;
il fallait encore assigner la cause d'une
si étrange population, dans un pays qui
n'est qu'un rocher continu dans les deux
tiers de son étendue, & qui se trouve
inondé quatre mois de l'année dans
l'autre ; mais la dialectique de l'enthou-
siasme n'est jamais en défaut ; on a dit
que les eaux du Nil avaient la vertu
de rendre les Egyptiennes fécondes. Paul
Lucas, le même qui a vu le démon
Asmodée dans la Thébaïde, ajoute encore à cette merveille, en assurant qu'il

suffit à une femme de s'y baigner pour
devenir mère (a).

Le prodige de la création des hommes, par la vertu des eaux du Nil, a
été examiné de près par un Philosophe,
& voici à quoi il se réduit : je rapporte
le texte même à cause des faits précieux
qu'il renferme. » Les Anciens attribuent
» aux eaux du Nil la fécondité des Egyp-
» tiennes. Ces eaux ont été plus d'une
» fois analysées, & par toutes les ana-
» lyses on a découvert qu'elles contien-
» nent, en assez grande quantité, un
» sel qui paraît être un principe de quel-
» ques maladies de peau. Comme il y
» a une veine qui sort de l'émulgente,
» & par laquelle toutes les sérosités ni-
» treuses, & même les substances alka-
» lines se déchargent dans les reins, les
» eaux du Nil ont une vertu stimulante,

____

(a) *Voyage de Paul Lucas, fait par ordre
de Louis XIV, dans la Turquie, l'Egypte,
&c.* tom. 1, pag. 333.

» tant par rapport aux hommes que par
» rapport aux bêtes, & voilà à quoi se
» réduit tout le prodige.

   » Aristote a soutenu qu'on met les
» eaux du Nil en ébulition par un degré
» de feu une fois moindre que celui qui
» est requis pour faire bouillir les eaux
» ordinaires: expérience si difficile à faire,
» qu'on peut assurer qu'aucun Physicien
» de l'antiquité n'a eu des instrumens
» assez parfaits pour la vérifier ; cepen-
» dant c'est sur cette assertion hasardée,
» que paraît fondé tout ce que Trogue
» Pompée, Columelle, Athenée & Phlé-
» gon ont dit sur la fécondité des Egyp-
» tiennes, en se copiant sans cesse les uns
» les autres, & en n'observant jamais.

   » Les eaux du Nil n'ont pas changé
» de nature, & cependant les Egyptien-
» nes n'accouchent plus de quatre en-
» fans à la fois, & bien moins de sept,
» ce que le crédule Phlégon n'eût point
» osé mettre en fait, s'il n'y avait été
» encouragé par l'exemple d'Aristote.

» On a regardé comme un prodige qu'en
» 1751, un Turc qui habitait tour-à-
» tour avec huit femmes, ait eu, au
» Caire, quatre-vingts enfans en dix ans.
» Encore ce fait qui a paru prodigieux
» en Egypte, pourrait arriver en Europe,
» s'il s'y trouvait des Polygames aussi
» déterminés que ce Musulman. De plus,
» il faut observer qu'en Egypte, comme
» dans tous les pays chauds, les femmes
» cessent plutôt d'avoir des enfans que
» dans les contrées tempérées, & c'est
» ainsi que la nature se contrebalance elle-
» même (a).

Ces eaux du Nil, qui n'ont pas plus
créé des hommes que des pyramydes,
font au reste très-peu saines au tems
de la crue du fleuve ; Pockoke dit
formellement qu'elles font naître des
pustules sur la peau des personnes qui

____

(a) *Recherches Philosophiques sur les Egyptiens & les Chinois*, tome 1, pag 99.

ont la témérité d'en boire (*a*). Un autre Voyageur les accufe de donner des defcentes & des dyffenteries (*b*). Les Egyptiens, à cette époque, privés de l'eau de pluie & de l'eau de fontaine & n'ayant qu'une boiffon vénéneufe pour étancher la foif qui les dévorait, devaient fe croire les plus malheureux des hommes ; heureufement un de leurs Prêtres, devenu par néceffité bienfaiteur de fon pays, inventa la liqueur factice du Zithum (*c*), ce qui les empêcha de blafphémer contre la nature.

Les Egyptiens avaient diverfes maladies qu'ils ne devaient qu'à la dureté de leur climat ; la lèpre eft une des principales ; la religion & la loi fe réunirent en vain pour attaquer cette der-

(*a*) *Voyages*, liv. 4, chap. 5.
(*b*) *Relation de Granger*, pag. 21.
(*c*) Sorte de bière, compofée d'orge & d'une infufion amère de Lupin. Voy. Columelle *de cultu hortorum.*

nière dans sa source ; elle se propagea malgré le Trône & l'Autel , & une partie de l'Europe se vit infectée de son venin, au tems de la folie pieuse & barbare des Croisades.

La peste est encore un des fléaux ordinaires de l'Egypte. Les Physiciens de ce pays la croient indigène ; tous les ans elle fait d'affreux ravages presque depuis la source du Nil jusqu'à son embouchure, & l'Islamisme avec son dogme absurde de la fatalité , n'a pas peu contribué à la fixer à jamais sur ce sol infortuné qui dévore ses habitans.

Le plus horrible des dangers que coururent autrefois ceux qui avaient le malheur de naître en Egypte, fut d'être attaqué de l'éléphantiase , espèce de composé de la lèpre , du Pian & du mal de Naples, maladie abominable qu'on ne réussissait à pallier qu'en brûlant profondément les plaies avec des fers ardens, & qui attaquait indistinctement sur le trône comme dans la poussière. Quelques Pharaons tentèrent, au rapport de Pline, de s'en guérir en se baignant dans le sang d'enfans qu'ils faisaient égorger; atrocité renouvellée, dit-on, par les Constantin & les Louis XI, & digne de trouver une place dans les annales sanglantes du despotisme.

On ne doit plus s'étonner que l'Egyptien ayant à se plaindre du sol qui le portait, de l'eau qui l'abreuvait, du soleil qui l'éclairait & de l'air même qu'il respirait, fût triste & mélancolique (a). C'est en vain que les Législateurs sacrés d'Héliopolis cherchaient à l'égayer de tems en tems par des fêtes; il revenait toujours à son caractère hypocondre. C'est un des faits les mieux constatés de son histoire.

Si à tous les maux physiques auxquels

______

(a) *Homines Egyptii plerique subfusculi sunt & atrati magisque mœstiores*, &c. Voy. *Ammian Marcellin*. lib. 22.

le fujet des Pharaons naiffait expofé,
on joint le mal moral qu'il fe procurait
à lui-même par le vice de fon culte &
le defpotifme de fon Gouvernement, on
verra que fur toute la furface du globe,
il n'y a peut-être point de contrée,
quelque difgraciée qu'elle fût de la nature, où il ne valût mieux être né que
dans l'Egypte.

HISTOIRE

NATURELLE (a).

L'Egypte semble être plus faite pour être habitée par les animaux que par les hommes.

A la tête des quadrupèdes, il faut mettre le chameau; cet animal fut toujours de la plus grande utilité aux indigènes, pour leur commerce avec les Libyens & les Arabes. Il traverse les déserts embrasés qui bordent la haute Egypte & l'Heptanomide, marchant seize

---

(a) *Hérodote*, lib. 1. *Diod. Sicul.* lib. 1, sect. 2. Plin. *Histor. Natur.* passim. *Voyages de Pockoke*, tom. 2. *Description de l'Egypte*, du Consul Maillet, tome 2. *Voyages* de Paul Lucas, de Granger, de Norden, &c.

heures fans s'arrêter, ne fe nourriffant que de bruyères & reftant huit jours fans boire.

On voit dans l'Egypte deux efpèces de chevaux : ceux qu'on tire de l'Arabie & les indigènes ; les premiers, quoique moins apparents, font infiniment plus eftimés à caufe de leur feu & de leur légèreté. Pour le cheval Egyptien, il a beaucoup de mine, de taille & de fierté, mais fa faibleffe le rend peu propre à parcourir un pays hériffé de rochers & de marécages : c'eft un quadrupède de parade & non de fervice. Un autre défaut qui lui ôte fon prix, c'eft qu'il a le col trop court. Les Egyptiens aiment l'embonpoint dans leurs chevaux, comme dans leurs femmes.

La nature s'eft plu à varier la robe de la plupart des quadrupèdes. Les bœufs en ont une mouchetée, avec diverfes nuances & une forte de régularité ; il en eft de même des chèvres : celles-ci joignent à cet agrément un nez aquilin

& des oreilles pendantes, quelquefois de deux pieds. Le bufle, dans ce pays, n'eft pas fauvage comme dans notre Europe, mais il craint fi fort la chaleur, qu'il refte tout le jour dans l'eau avec le mufeau dehors pour refpirer. Ces deux faits prouveraient que ce quadrupède n'eft pas indigène, ou qu'il a dégénéré.

L'âne eft, de tous les animaux de l'Egypte, celui qui lui eft le plus précieux ; il n'a rien de la pareffe, de la pefanteur & de l'indocilité des nôtres. Les chevaux ne peuvent le fuivre qu'au trot. Au tems de Pockoke on en comptait, au Caire, quarante mille.

Le mouton eft très-commun en Egypte. Sa toifon y a une grande valeur ; pour fa chair, elle n'eft bonne que dans les trois mois où la terre eft couverte de verdure.

Les chiens Egyptiens diffèrent beaucoup des nôtres ; comme ils ne font pas dégradés par les entraves de la domefticité, ils reftent divifés en peuplades, & ne fe mêlent jamais.

Les bêtes fauves sont rares en Egypte,
parce qu'on n'y trouve ni bois ni fontaines ; on n'y voit guères que des gazel-
les, dont l'œil vif & perçant a passé en
proverbe chez les Orientaux. Une femme
Arabe en particulier n'est belle, qu'autant
qu'elle a des yeux de gazelle.

L'Egypte a dans son sein quelques
animaux destructeurs ; le plus terrible est
l'hippopotame. Le Consul Maillet nous
a donné sur ce quadrupède des détails
très-singuliers, & que je ne rapporte que
sur la foi de ce Philosophe (*a*).

L'hippopotame né dans les montagnes
de l'Ethyopie, descend par le Nil dans
la haute Egypte, & porte par-tout la terreur & le ravage. Il dévaste les champs
couverts de bled ; il étouffe les hommes
qu'il rencontre, & leur suce le sang. Sa
peau épaisse de deux doigts, le met à
l'abri des balles & des flèches : on pré-

______

(*a*) *Descript. de l'Egypte*, tom. 2, pag. 126.

tend qu'on n'en a jamais pris un feul en vie. Il faut que fa taille foit prodigieufe, puifqu'un homme debout dans fon ventre, ne peut lui toucher le dos avec la main. La peau d'un feul de ces animaux, forme une maffe fi confidérable, que quatre chameaux ont de la peine à la porter.

L'hippopotame était bien connu à Rome au tems de Diodore : » Cet am-
» phybie, dit l'Hiftorien, n'a pas moins
» de cinq coudées de long (huit pieds
» moins un pouce) ; de chaque côté de
» fa gueule font trois défenfes, plus gran-
» des que celles des fangliers ; il a les
» oreilles, la queue & le henniffement
» du cheval ; mais la forme entière de
» fon corps diffère peu de celle de l'élé-
» phant. Sa peau eft d'une dureté qui la
» rend impénétrable : comme il vit dans
» les deux éléments, il paffe le jour au
» fond des eaux où il s'agite avec vio-
» lence, & la nuit il va ravager les cam-
» pagnes. De forte, que fi fon efpèce

» était plus féconde qu'elle ne l'eſt, &
» que ſa femelle portât tous les ans, il
» ſerait le fléau des contrées qu'il habite.
» Quand cet amphybie paraît dans un
» fleuve, des chaſſeurs exercés l'envi-
» ronnent avec pluſieurs barques, lui
» lancent un harpon, & lorſque ſes ef-
» forts pour ſe dégager lui ont fait per-
» dre tout ſon ſang, ils le tirent ſans
» vie ſur le rivage (a, ".

Il y a dans notre *Hiſtoire Naturelle*
une deſcription très-imparfaite de l'hippopotame : on n'y dit pas un mot de
Diodore ; mais en revanche on nous apprend que cet amphybie eſt le fameux
Behemoth de la Bible, qui *dreſſe ſa*
queue comme un cèdre, & qui engloutit
les fleuves (b). Ce rapport entre Behemoth & l'hippopotame, convient moins

(a) *Diod. Sicul.* lib. 1, ſect. 1, parag. 21.
(b) Voici le texte de la Bible, car il faut
motiver ſa critique, quand on parle d'un ou-

au Pline de la Nation qu'à l'Hiftorien des Vampires.

Le fléau le plus redoutable de l'E-gypte, après l'hippopotame, eft le croco-

---

vrage auffi eftimable à divers égards que *l'Hif-toire Naturelle*.

» Confidérez Behemoth, que j'ai créé comme
» vous, & qui fe nourrit de foin comme le
» taureau.

» Sa force eft maintenant dans fes reins,
» & fa puiffance dans le nombril de fon
» ventre.

» Il fe plaît à dreffer fa queue comme un
» cèdre. . . . Ses os font comme des barres
» d'airain. . . . . Il tient un des premiers rangs
» entre les ouvrages de Dieu, & celui qui l'a
» créé peut feul le percer de fon épée. . . .

. . » Il engloutit un fleuve fans en être étonné;
» & il fe promet qu'il attirera dans fa gueule
» le Jourdain même.

Voy. *Job*, cap. 40, verf. 10, 11, 12, 13, 14 & 15.

Lifez enfuite la defcription que M. de Buffon a faite de l'Hippopotame d'après Zerenghi, & jugez.

dile. Cet amphybie a été décrit par Hérodote, mais avec le pinceau romanef-
que qui a peint le fphinx & l'hyppo-
griffe. Voici le texte du Père de l'Hiftoire.

» Le crocodile a quatre pattes, & il
» habite fur terre & dans les eaux ; il ne
» mange rien durant les quatre mois de
» l'hiver. Sa demeure durant la plus
» grande partie du jour eft le rivage du
» Nil, mais la nuit il refte dans le fleuve;
» parce que fon onde eft plus chaude que
» le ferain & la rofée. De tous les ani-
» maux que nous connaiffons, il n'y en
» a point qui parvienne d'une taille fi
» faible à une grandeur auffi démefu-
» rée ; car fes œufs ne font pas plus gros
» que ceux des oyes & le petit qu'on en
» voit éclore parvient à dix-fept coudées
» (vingt-fept pieds moins un pouce) &
» davantage. Ce monftre a les yeux du
» porc, & les dents faites en forme
» de fcie. Il eft le feul de tous les ani-
» maux qui n'ait point de langue & dont

» la mâchoire inférieure foit immobile.
» Il ne voit rien dans l'eau, mais quand
» fa tête furnage, il a la vue très-per-
» çante. Les oifeaux fuient ce redouta-
» ble amphybie comme leur fléau ; le
» feul roitelet eft en paix avec lui à
» caufe d'un fervice fignalé qu'il lui
» rend : car comme le crocodile eft
» toujours, fur terre, la gueule béante
» & la tête tournée du côté du zéphir,
» le roitelet entre avec fécurité dans fa
» gueule & mange les fangfues qui s'y
» logent. Une partie des Egyptiens ado-
» rent le crocodile & l'autre le mange (*a*).

Diodore copie Hérodote, mais feulement dans ce qu'il a de raifonnable :
» l'œuf, dit-il, qui produit le croco-
» dile, reffemble à celui d'une oye,
» & quand l'animal en eft éclos, il croît
» jufqu'à feize coudées ; il vit plus long-
» tems que l'homme ; mais il n'a point

____

(*a*) Hérod. *Euterpe* ou lib. 2.

» de langue. La nature a muni fon corps
» de défenfes merveilleufes, en le cou-
» vrant d'écailles impénétrables. Il dé-
» vore les hommes & les animaux. Ses
» morfures font toutes profondes &
» cruelles. Il déchire auffi fa proie avec
» fes griffes, & la chair qu'il a une fois
» entr'ouverte ne fe rétablit jamais (*a*).

Comme le crocodile eft très-commun, fur-tout dans la Thébaïde, nos Voyageurs philofophes ont eu mille fois l'occafion de le décrire. Sa taille, quand il a pris tout fon accroiffement, eft de plus de vingt pieds. Ses yeux étincelans & fortant de leur orbite, l'appareil formidable de fes dents meurtrières, la vigueur de fa queue & de fes griffes, tout eft fait en lui pour imprimer l'effroi : il dévore les animaux & les hommes. On peut juger de fa force par le trait fuivant : on avait amené au Conful

______

(*a*) Diod. Sicul. *Hiftor. Univ.* lib. 1, fect. 1, parag. 20.

Maillet un de ces amphybies, né depuis quinze jours & ayant à peine un pied & demi. A peine eut-il le museau délié qu'il se retourna pour mordre l'Egyptien qui le tenait : mais il ne saisit que sa propre queue, dans laquelle ses dents entrèrent si avant, qu'il fallut se servir d'un fer pour les séparer. » J'en » ai vu un autre, dit le même Ecrivain, » long de douze pieds & qui n'avait pas » mangé depuis trente-cinq jours ; d'un » coup de queue il renversa une balle » de café & six hommes, comme je ren- » verserais six pions d'un jeu d'échecs (*a*).

Le Consul Maillet se trompe quand il dit que le crocodile n'a point de langue : il est vrai qu'elle est si courte, qu'il ne peut s'en servir pour mâcher ; il avale sa proie toute entière, & lorsque c'est un homme fait, il commence par le déchirer avec ses griffes. Ce mons-

---

(*a*) *Descript. de l'Egypte*, tom. 2, pag. 129.

tre eſt beaucoup plus dangereux dans l'eau que ſur terre, à cauſe de la facilité avec laquelle ſa queue diviſe le fluide qui le ſoutient.

La chaſſe du crocodile eſt très-difficile à cauſe des écailles qui couvrent ſa peau & qui en font une cuiraſſe impénétrable même aux balles de mouſquet. Cependant on voit des Nègres intrépides le ſurprendre dans un endroit du Nil où il ne peut ſe ſoutenir ſans nager, s'approcher de lui, tenir ſa gueule ouverte d'une main, qu'ils ont ſoin de cuiraſſer, & lui percer de l'autre la gorge & les yeux à coups de bayonnettes.

Il arrive quelquefois qu'on prend des crocodiles vivants. Au commencement de ce ſiècle, un de ces formidables amphybies ayant dévoré une fille de quinze ans, près d'une petite ville de la Thébaïde, ſon père qui était Gouverneur de la contrée, promit cinquante écus à celui qui le lui amènerait mort ou vif. Un Egyptien, au cœur de qui l'intérêt parlait plus haut que la nature , exposa son propre enfant au même lieu où la fille du Gouverneur avait été dévorée, & se mit auprès en embuscade. A l'inf-tant où le monstre s'élançait sur sa proie, le chasseur enfonça dans sa gueule béante une large planche. Les dents du croco-dile y entrèrent avec tant de violence, qu'il lui fut impossible de les dégager. Alors l'Egyptien lia avec une chaîne la gueule du crocodile, & vint demander au Gouverneur le vil salaire qu'il avait ga-gné, en s'exposant au patricide.

Le plus redoutable ennemi du croco-dile n'est cependant pas l'homme : c'est une espèce de belette que les Arabes appellent Tezerdah, & que nous con-naissons sous le nom d'ichneumon ; il se nourrit des œufs de l'amphybie, & quelquefois sur quatre cents que le mons-tre pond à la fois, à peine en reste-t-il un que le soleil fasse éclore ; il tue aussi les jeunes crocodiles en leur ouvrant la gorge. Une tradition universelle, mais sûrement fabuleuse, veut que lorsque le crocodile adulte dort au soleil, la gueule béante, l'ichneumon entre dans ses entrailles, & n'en sorte qu'après les avoir dévorées.

Les Egyptiens déifièrent l'ichneumon à cause du service qu'il rendait en détruisant la race des crocodiles; mais par une bisarrerie bien digne d'eux, ils faisaient aussi l'apothéose du crocodile. Dans les villes où ce monstre avait un culte, on chargeait ses oreilles de pierres précieuses & on lui donnait à manger des viandes consacrées; à sa mort on l'embaumait, & son corps était renfermé, avec pompe, dans la tombe des Pharaons.

La race des reptiles est très-féconde en Egypte, ainsi que dans tous les pays inondés. Les serpens sur-tout y sont si communs, qu'aux environs du Caire ils servent, dit-on, de nourriture à quarante mille hommes (*a*). On assure que ces

_____

(*a*) *Voyages de Shaw en Barbarie,* pag. 355.

ophiophages manient tous les reptiles
vénimeux avec affurance, qu'ils les flat-
tent, qu'ils les laiffent dormir fur leur
fein. Il eft probable que la maffe de
leur fang, atténuée par cet aliment rempli de fel alkalin, devient inacceffible
au vénin : du moins c'eft ainfi que la
phyfique peut expliquer un pareil phénomène.

On trouve dans le Delta & dans
l'Heptanomide, une quantité incroyable
de vipères : il y en a de peu dangereu-
fes, mais celle qu'on diftingue fous le
nom d'afpic, donne la mort dans un
inftant. On fait que c'eft en fe faifant
piquer par un afpic, que Cléopâtre fe
déroba à l'opprobre d'être traînée au char
de triomphe du vainqueur de Marc-An-
toine.

Au refte, l'induftrie Egyptienne avait
tiré parti de la vipère, en faifant fervir
fa chair préparée, de remède contre diverfes maladies, que les crifés ordinaires
de la nature ne pouvaient guérir. Il fut

un tems fur-tout où les Prêtres employè-
rent ce fecret pour arrêter les progrès
de l'éléphantiafe.

Il y a beaucoup de ferpens d'eau ou
d'hydres , foit dans le Nil , foit dans
les marais de l'Egypte. Ce reptile fait
la guerre aux grenouilles ; mais celles-
ci échappent quelquefois par leur in-
telligence à la voracité de leur deftruc-
teur. Elien , qui a beaucoup compilé ,
mais qui a peu vu , en parle ainfi :
» quand une grenouille du Nil rencon-
» tre l'hydre , fon ennemie , elle faifit
» un fragment de rofeau & le porte en
» travers dans fa gueule , le ferrant de
» toute fa force fans jamais l'abandonner.
» L'hydre , dont la mâchoire ne peut
» s'ouvrir de la longueur du rofeau ,
» tente de l'avaler avec la grenouille ,
» mais en vain ; & c'eft ainfi que l'a-
» dreffe triomphe de la force (*a*).

(*a*) Elian. *Hiftor. Diverf.* lib. 1 , cap. 3.

La falamandre eſt commune dans la Thébaïde, & on croit ſa piquure mortelle, excepté pour les ophiophages.

Les montagnes qui ſéparent cette Thébaïde de la Nubie, recèlent dans leur ſein une eſpèce de lézard aſſez extraordinaire ; ſes pattes coupées par cinq doigts très-bien formés reſſembleraient parfaitement à la main de l'homme, ſi elles n'étaient teminées par des griffes. Ce reptile eſt très-doux & vient manger familièrement avec les Voyageurs des caravanes (a).

La ſtagnation des eaux du Nil, dans les plaines du Delta, ſi faite pour multiplier la race des reptiles, ſert auſſi à féconder les inſectes. Il n'y a point de contrée ſur notre continent où cette eſpèce de moucherons, qu'on appelle couſins, ſe propage d'une manière auſſi pro-

____

(a) *Deſcript. de l'Egypte* du Conful Maillet, tom. 2, pag. 132.

digieuse qu'en Egypte. Le Conful Maillet dit qu'ils forment des nuages dont
le ciel eft obfcurci. La piquure de cet
infecte eft plus vénimeufe au Delta que
dans l'Europe.

La plupart des oifeaux de notre zône
tempérée fe rencontrent en Egypte. Mais
nous ne devons nous arrêter que fur ceux
qui font particuliers à cette contrée. Un
des plus finguliers de ces oifeaux indigènes, eft le Trochilos de Pline. Il reffemble à notre vaneau : on prétend qu'il
ne fe nourrit que des reftes d'alimens
qui garniffent la mâchoire du crocodile ;
il épie à cet effet le moment où le monftre dort fur le rivage, & il entre dans
fa gueule béante. Quelquefois le terrible amphybie ferme fa gueule, mais
l'oifeau la pique avec une pointe aiguë
dont l'extrémité de fa gueule eft armée,
& fort de fa prifon. Paul Lucas a vu
tout cela, & il a la bonhommie d'en
donner pour preuve les aîles du Trochi-

los, qu'il a dépofées à Paris, au Palais Royal (*a*).

L'ibis, eft de tous les oifeaux Egyptiens le plus célèbre, à caufe de l'honneur qu'on lui avait fait de le mettre dans le ciel, à côté de Jupiter. Il eft probable qu'il dut fon apothéofe au fervice qu'il rendait à l'Egypte, en détruifant la race des ferpens. Malheureufement cet oifeau, qui était particulier aux rivages du Nil (*b*), parait s'être perdu : du moins on n'en voit aucun dans le pays, qui reffemble parfaitement à l'ibis des hyéroglyphes.

La manière fingulière dont les Egyptiens, fous les Pharaons, faifaient éclore les poulets, eft connue de toute l'Europe; ils fubftituaient à la chaleur naturelle de la mère, la chaleur factice du

(*a*) *Voyages faits par ordre de Louis XIV*, tom. **1**, pag. 113.

(*b*) *Avis peculiaris Ægypti*. Voy. Plin. *Hift. Natur.* lib. 10.

fumier (*a*). Cette méthode fut perfectionnée vers l'an 133 de notre Ère vulgaire, époque où l'on imagina les fours (*b*). On sçait que notre savant Réaumur dut au succès avec lequel il répéta cette expérience, une partie de sa renommée.

L'histoire de l'incubation artificielle des poulets, conduit naturellement à celle de la poste aux pigeons. Toute l'antiquité a retenti des prodiges qu'on faisait exécuter à ces couriers aîlés des Souverains ; les Pharaons imaginèrent cette poste, les Ptolémées l'adoptèrent , & plusieurs siècles après on la vit renouveller par les Soudans. Il y avait des tours bâties de douze en douze lieues, & les pigeons étaient instruits à franchir cet espace d'un seul vol. Ces oiseaux partaient la nuit comme le jour, & on était en tout tems instruit de leur arri-

---

(*a*) Aristot. *Hiftor. Animal.* lib. 6, cap. 2.

(*b*) *Recherches fur les Egyptiens ,* par M. Paw, tom. 1 , pag. 162.

vée par une espèce de cri d'allégresse qu'ils poussaient à l'approche du terme de leur voyage. Des sentinelles, placées au haut des tours, tiraient la lettre de la boëte légère que le pigeon portait, attaché à son col, & y mettaient la réponse. Le trajet d'une tour à l'autre se faisait en une demi-heure.

Les personnes qui aiment le récit des merveilles, pourvu qu'on les dispense d'y croire, peuvent juger de l'incroyable rapidité de la poste Egyptienne des pigeons par le trait suivant, attesté par un Voyageur philosophe. » Un Mar-
» chand d'Alep, dit cet Ecrivain célè-
» bre, croyait avoir le pigeon le plus
» léger du Delta, & il paria une somme
» considérable contre un de ses amis qui
» avait la même prétention, que le pi-
» geon partant au même instant que son
» rival, arriverait quinze minutes plutôt
» à Alexandrette. Le pari s'exécuta ; mais
» le pigeon du Marchand s'étant trop
» élevé dans les airs, prit la mer de Bas-

» fora pour la Méditerranée, & ne trou-
» vant point la ville qu'il cherchait ,
» paſſa juſqu'aux Indes, d'où il ne re-
» vint à Alep qu'au bout de trois jours.
» Son maître, outré de la perte qu'il
» avait faite, le tua à ſon arrivée. On
» l'ouvrit, & on trouva dans ſon jabot
» des cloux de gérofle encore verds ,
» qu'il ne pouvait avoir mangé qu'à l'iſle
» de Ceylan , le premier endroit des
» Indes où croiſſe ce végétal. On ajoute
» que cet Egyptien fut ſi touché de cette
» découverte, par laquelle il était prouvé
» que ſon pigeon avait fait trois mille
» lieues en trois jours, qu'il mourut de
» douleur de l'avoir tué (a).

Il faut terminer l'hiſtoire des oiſeaux
merveilleux de l'Egypte, par celle du phénix. Hérodote (car c'eſt toujours l'Ecrivain de l'antiquité que je cite , quand j'ai
à compter des fables) , Hérodote , dis-

____

(a) *Deſcription de l'Egypte* , par le Conſul
Maillet, tom. 2 , pag. 271.

je, a tranfcrit fur cet oifeau beaucoup de rêveries orientales. Il eft, dit-il, de la grandeur de l'aigle, & fon plumage eft nuancé d'incarnat & d'or : il ne paraît en Egypte que de cinq cents en cinq cents ans. Alors il part de l'Arabie, portant fon père mort bien enveloppé dans la myrhe, & il l'enterre à Héliopolis, dans le temple du Soleil. Hérodote paraît croire lui-même à l'exiftence du phénix : feulement il avoue ne l'avoir vu qu'en peinture (*a*).

L'auteur ingénieux des *Lettres fur l'Atlantide*, qui a beaucoup rêvé fur les rêveries des Anciens, a tiré de l'hiftoire du phénix, une des plus fortes preuves de fon paradoxe fur le refroidiffement du globe. » Cet oifeau, fui- » vant les idées Egyptiennes, eft unique, » dit ce Philofophe ; fon plumage eft » or & cramoifi : il vient du pays des

----

(*a*) *Euterpe* ou *lib.* 2.

» ténèbres, pour mourir en Egypte, &
» renaître de ses cendres dans la ville
» du Soleil. On ne peut douter que ce
» phénix ne soit l'emblème d'une ré-
» volution solaire qui renaît au moment
» qu'elle expire (a).

De l'explication de cet emblême,
naissent des conséquences à perte de vue.
Il faut rapporter la fable interprétative,
car elle est encore mieux écrite que la
fable originale. » L'emblême du phénix,
» n'a point désigné l'année chez les Egyp-
» tiens, ou du moins ne fut pas ima-
» giné chez eux ; car le soleil est tou-
» jours vivant en Egypte ; il a toujours
» de la force qu'il tient de sa hauteur
» sur l'horison. Il n'en est pas de même
» dans les climats septentrionaux. Le so-
» leil y disparaît, pour un tems, plus ou
» moins considérable. Cette absence est
» un tems d'ennui pour les hommes,

____

(a) *Lettres sur l'origine des Sciences*, pag.
249.

» de langueur pour la nature. Le départ
» & le retour de cet astre sont une vraie
» mort & une vraie renaissance. De-là
» l'alternative du deuil & de la joie ;
» les hommes n'ont point dû s'y accou-
» tumer, parce que le phénomène n'ar-
» rive que tous les ans. Ils ont peint
» l'absence du soleil par celle des oi-
» seaux qui le suivent & disparaissent
» avec lui. Dans ce langage figuré, l'astre
» est devenu lui-même un oiseau qui
» lui sert de guide. Les ténèbres ont
» mêlé leur tristesse à ces idées ; la mort
» & la vie ont été les emblêmes de la
» nuit & de la lumière : le soleil, l'oi-
» seau unique, paré des couleurs les plus
» brillantes, en disparaissant, allait mou-
» rir & renaître dans les contrées du
» midi. . . Cette fable, qui renferme
» essentiellement l'idée de la perte du
» soleil, appartient évidemment aux la-
» titudes septentrionales. J'ai donc eu
» raison de conclure que née dans ces
» climats, elle est descendue du nord,

» & a été communiquée à l'Egypte (*a*).

Malheureusement voilà un édifice aërien qui n'est construit que sur des nuages. Le phénix ne vient point *du pays des ténèbres* pour mourir en Egypte; c'est de l'Arabie qu'il part tous les cinq cents ans, comme le dit Hérodote, que tous les Poètes ont copié : or, l'Arabie est le pays de la lumière; *le soleil y est toujours vivant : il y a toujours de la force, & il la tient de sa hauteur sur l'horison.* Ajoutons que cette Arabie, située entre les tropiques, ne désigna chez aucun Géographe, les latitudes septentrionales; ce n'est pas de l'esprit, ce sont des faits qu'il faut pour changer la physique. Laissons le phénix dans les livres des Apôtres du nord, dans les vers d'Ovide & dans les tableaux qu'a vus Hérodote, & revenons à l'histoire naturelle de l'Egypte.

(*a*) *Lettres sur l'origine aes Sciences*, pag. 252.

Le règne végétal en Egypte eſt le triomphe de ſon hiſtoire naturelle (a); le Delta ſur-tout, grace aux branches du Nil & à ſes canaux, eſt d'une fertilité inconnue au reſte du globe. Un arbre y croît plus en trois ans qu'il ne fait en dix dans les régions les plus fortunées de l'Europe. Là, jamais la nature ne languit, & les feuilles en tombant ne font que découvrir des boutons qui ſe développent. Engraiſſées par le limon générateur du fleuve qui les arroſe, les terres peuvent y rapporter quatre-vingt pour un. Cette fertilité ſingulière, encouragée par les Céſars, fit appeller l'Egypte, la nourrice de l'Empire Romain.

Les Egyptiens, dans le premier âge de leur Monarchie, eurent un froment in-

―――――――――――――

(a) Les détails de ce genre qui ne peuvent intéreſſer que les Botaniſtes, ſe trouvent dans Dapper, *Deſcription de l'Afrique*, pag. 81 juſqu'à 87.

digène affez mal-fain. Mais Ptolémée, fils de Lagus, fit venir d'une des Sporades, un grain plus perfectionné : c'eft ce dernier froment que les Grecs cultivèrent avec tant de fuccès durant toute la dynaftie des Lagides, & qui n'a pas encore dégénéré.

Il ne paraît pas que l'Egypte ait connu la vigne dans les premiers tems de fa Monarchie ; car le vin était fpécialement interdit à la claffe facerdotale, & jufqu'à Pfammétique on n'en fervit point fur la table des Pharaons. Aujourd'hui, malgré l'inquifition Mufulmane, les plans de vigne qu'on a portés aux environs du Caire, ont tellement réuffi, qu'au commencement du fiècle on voyait, dans le jardin du Conful de France, un fep qui avait porté 436 grappes *(a)*.

Parmi les plantes Médicinales de l'Egypte, on diftingue le féné, dont cette

---

(a) Défcript. de l'Egypte, tom. 2, p. 108.

Province Turque fournit aujourd'hui toutes les Pharmacies de l'Europe.

Un des végétaux les plus renommés de l'ancienne Egypte, est le lotus, consacré à Osiris, & qu'on voit sur la tête de cette Divinité dans les monumens & dans les médailles ; mais au peu d'accord qui règne entre les Naturalistes sur son analogue, on est tenté de croire qu'il n'y a plus de lotus que dans les hyéroglyphes.

On n'a pas moins de peine à retrouver ce fameux papyrus, si cher aux Egyptiens par ses divers usages ; car on se nourrissait de sa sève ; on formait, du roseau qui lui sert de tige, des vases, & on faisait de la membrane qui le couvre, du papier, des voiles & des assiettes. Le papyrus croissait dans le Nil, aux endroits où son eau stagnante n'avait pas plus de deux coudées de hauteur ; comme ses feuilles ne ressemblent point à celles des autres plantes, sa description a fourni quelques phrases de

rhéteur à Caffiodore : » C'eft fur les
» bords du Nil, dit-il, qu'on voit s'é-
» lever cette moiffon qui fe recueille
» dans les eaux, cette forêt fans bran-
» ches, ce bocage fans feuilles (*a*).
Pline, qui ne fait point d'antithèfes,
mais qui rapporte des faits, nous a tranfmis la manière dont on changeait en
papier les membranes du papyrus. On
féparait avec une aiguille une de ces
peaux déliées, & on l'étendait fur une
table, en lui laiffant toute fa longueur,
& fe contentant d'en couper les extrémités ; enfuite fur cette première membrane on en plaçait une feconde en
travers, de forte que les fibres & les
filamens de l'une allaient de droite à
gauche, & ceux de l'autre de bas en
haut. L'eau du Nil, trouble, fervait pour
les coller enfemble. La feuille, ainfi
compofée de deux membranes, fe por-

(*a*) Lib. 2, épit. 38.

tait fous une preſſe, d'où on ne la re-
tirait que pour l'expoſer au ſoleil & la
faire ſécher (*a*). Le procédé de la com-
poſition de ce papier date d'une très-
haute antiquité ; car Mucien trouva dans
un temple de Lycie une lettre ſur le
papyrus, datée de Troye, & écrite par
Sarpédon.

La minéralogie de l'Egypte eſt aſſez
ſtérile. Ce pays ne renferme ni or, ni
argent, ni pierres précieuſes. Sa principale richeſſe en ce genre, conſiſte dans
ſes carrières de marbre & de granit, qui
ont fourni la matière de ſes ſphinx,
de ſes colonnes & de ſes obéliſques.

(*a*) Plin. *Hiſtor. Natur.* lib. 13, cap. 11.

HISTOIRE
DU NIL (a).

L'Histoire d'un Etat abfolu eft ordinairement circonfcrite autour du Trône,
mais en Egypte elle a un champ plus
vafte : elle fe partage entre le defpote,
les monumens d'efclaves qui s'élèvent

(*a*) Voyez Hérodote, *Euterpe* ou lib. 2.
Diod. Sicul. *Hiftor. Univerf.* lib. 1, fect. 1,
parag. 18, 21, 22, 23 & 24; *l'Afrique* de
Dapper; les *Voyages* de Pockoke, de Shaw
& de Paul Lucas, & fur-tout la *Defcription
de l'Egypte* du Conful Maillet. La partie de
fon ouvrage qui regarde le Nil eft infiniment
précieufe, & pourrait nous tenir lieu de tout
ce qu'ont écrit fur ce fujet les Anciens & les
Modernes.

à fa voix, & le fleuve générateur qui lui a créé un Empire.

Hérodote a fait une hiftoire du Nil; mais comme il ne la tenait que des Prêtres de l'Egyte, ou de fon imagination, elle eft auffi fufpecte que celle de fes Dieux; il commence par s'étonner de ce que ce fleuve eft le feul du globe fur lequel on ne fente jamais la plus légère haleine de vent; & affurément, fi le fait était vrai, le prodige ferait inexplicable par les loix de la phyfique; mais il n'y a pas plus de calme perpétuel dans l'atmofphère du Nil (*a*),

---

(*a*) » Pendant plus de onze mois de l'an-
» née, il règne, fur le Nil, des vents favora-
» bles, à la faveur defquels un navire, muni
» d'une feule voile, remonte le fleuve avec
» autant de rapidité que s'il était tiré par un
» grand nombre de chevaux. Ces vents s'aug-
» mentent à proportion que le fleuve s'accroît;
» enforte que plus il eft débordé & plus on le
» remonte avec vîteffe. C'eft à l'aide de ces

qu'il n'y a de mouvement perpétuel dans les atteliers de nos Archimèdes. Les Prêtres d'Héliopolis fe jouèrent de la crédulité de l'Hiftorien Grec, & l'Hiftorien Grec fe joue de la nôtre.

Hérodote donne au Nil un cours contre nature : il dit qu'à quatre journées au-deffus d'Eléphantine, ce fleuve va tellement en pente, que fi on n'arrête avec des cordes, des deux côtés du rivage, le navire qui le remonte, il va fe perdre dans des abymes (*a*).

Le Nil revient bientôt à fon cours ordinaire, & mêle fes eaux à celles d'un lac ; enfuite les rochers, dont fon lit eft

---

» vents que, pendant l'été, on vient de Rofette » au Caire en moins de quarante heures, » quoi qu'il y ait plus de quatre-vingt milles » d'une ville à l'autre. *Defcription de l'Egypte,* par le Conful Maillet, tome 2, pag. 90.

(*a*) Les fleuves étonnés remontent vers leur fource.

Rouff. Cantate de Circé.

hérissé, en rendent la navigation impossible, & le voyageur est obligé de traîner son bateau sur le rivage pendant quarante jours.

Au bout de cet intervalle, le navire se remet à flot, & après douze journées de route, on aborde à une ville de Méroë, Métropole de l'Ethyopie.

Méroë n'est qu'à moitié chemin du pays des Automales, chez qui on arrive en suivant le cours du Nil ; or, d'Eléphantine à Méroë, il y a deux mois de route ; ainsi on pourrait évaluer l'intervalle entier à près de douze cents lieues.

L'itinéraire d'Hérédote ne va que jusqu'à la région des Automales. Son imagination, qui l'a si bien servi dans la fixation du cours du Nil, se refuse à remonter jusqu'à sa source.

Le Nil de Diodore, prête aussi à la critique d'un siècle de lumière : il croit sa source inconnue, & cependant il la place dans le fond de l'Ethyopie ; il

fuppofé qu'à fuivre ce fleuve dans fes
tortuofités , depuis les montagnes de
cette Ethyopie, jufqu'à la mer, il n'arrofe que douze mille ftades de pays,
ou un peu plus de deux cents cinquante
lieues ; or, à ne calculer fon cours que
depuis Sennaar, où il commence à être
navigable, jufqu'à fon entrée en Egypte,
il parcourt plus de quatre cents lieues.

Ce que l'Hiftorien de Sicile ajoute
mérite plus d'attention, parce qu'il nous
fait connaître le vrai domaine du Nil,
en Egypte, au fiècle des premiers Céfars.

Ce fleuve, dit l'Ecrivain que j'analyfe , avant d'entrer en Egypte , a un
cours très-inégal : tantôt il eft contenu
par fes propres rivages , tantôt trop
refferré par les rochers qui les bordent , il fort de fon lit & fe répand
fur les fables de la Libye, qui s'en im-
bibent jufqu'à le faire difparaître. Arrivé
en Egypte, il trouve prefque toujours,
des deux côtés de fes rives , une bar-

rière de montagnes efcarpées qui le ren-
voyent au loin dans les plaines oppofées,
d'où le poids de fes eaux le ramène à
fa première route. Cependant, en général, il eft de tous les fleuves du globe,
celui qui coule avec le plus de douceur
& d'égalité, excepté vers les Cataraĉtes.
Ces Cataraĉtes font divers grouppes de
rochers fufpendus & entourés d'affreux
précipices; le Nil, en les franchiffant,
fe couvre d'écume & tombe avec un
fracas qui porte au loin le trouble &
l'effroi. Son onde y acquiert une vîteffe
pareille à celle de la flèche qui part de
l'arbalête.

Le Nil fe partage quelquefois & forme
des ifles, fur-tout en Ethyopie ; on en
compte plus de fept cents avant d'arriver au Delta; la principale eft celle où
Cambyfe bâtit la ville de Méroë : elle
a mille ftades de large, fur trois milles
de long, ce qui forme un enceinte de
164 lieues. On y trouve des mines d'or,
d'argent, une grande abondance de *bois*

d'ébène & toutes fortes de pierres précieuses. Des fept cents ifles formées par le Nil, avant d'arriver à Memphis, les Géographes n'en ont pas reconnu quatre., & fur-tout l'antique *Eldorado* de Méroë paraît avoir totalement difparu.

Au refte il n'eft pas étonnant que la plupart des fept cents ifles du Nil foient inacceffibles à nos Voyageurs. Diodore dit expreffément que des monftres & fur-tout des ferpens à tête de chien, en défendent l'entrée. Il refte à favoir fi après avoir nié l'exiftence des ifles, on ne peut pas nier auffi celle des gardiens.

Le Nil, arrivé aux frontières de l'Heptanomide, fe divife en deux branches & forme le Delta, efpèce de triangle irrégulier dont la mer fait la bafe; le fleuve s'y jette par fept embouchures.

Après avoir décrit le cours du Nil tel qu'il était du tems des Anciens, ou tels qu'il l'ont imaginé, venons à fon hiftoire.

Ovide a dit avec raifon qu'il n'avait

été donné à perfonne de voir commen-
cer le fleuve qui a fait l'Egypte *(a)*.
En effet , au milieu de ces fontaines
fans nombre , que produit la faifon des
pluies chez les Ethyopiens , comment
démêler celle auquel le Nil doit fa fource?
Tout ce qu'on peut affirmer , c'éft qu'à
quelque diftance de la ligne, on voit un
lac Gambea, d'où fort, fous la forme
d'un fimple torrent, le fleuve dont l'hiftoire nous occupe. Il coule , dit-on ,
d'abord vers l'orient; enfuite il fe recourbe vers le midi , tourne au couchant, de-là au nord , & enferme ainfi,
par un cercle parfait, les montagnes d'où
il tire fon origine. Groffi bientôt par
une foule de petites rivières qui s'y pré-
cipitent, il traverfe le royaume de Sennaar; & arrivé dans la Nubie, il fe joint
avec un fleuve confidérable qu'on appelle
en Afrique *Mer Blanche*. Ce fleuve ,

_____

(a) . . . . . *Nec contigit ulli*
Hoc vidiffe Caput. . . . . .

qui vient perdre son nom dans les eaux du Nil, l'avait côtoyé dès sa source à la distance de douze, quinze & vingt journées. Le Nil, après cette jonction, devenu le plus grand fleuve de l'ancien monde, se présente au défilé des montagnes qui séparent l'Egypte de la Nubie. Là, il lutte contre les rochers, qui brisent son cours, les subjugue, & s'ouvre enfin une route en comblant les abîmes qui sont à leurs pieds. De ce moment il trouve un lit plus égal, & son onde plus tranquille s'étend jusqu'aux frontières du Delta, entre deux chaînes de montagnes parallèles, qui semblent s'être divisées pour lui ouvrir un passage.

C'est dans ces gorges des montagnes de Nubie, que sont ces chûtes d'eaux, si célèbres sous le nom de Cataractes. On voit le fleuve, qui s'est ouvert une route malgré la nature, se précipiter avec impétuosité de roche en roche. Il y a des abîmes où il tombe avec tant de violence, que le fracas de ses cascades, répété par les échos des montagnes qui l'entourent, s'entend de fept lieues, & que les bêtes féroces même n'ofent en approcher (*a*). On compte au moins fept Cataractes depuis Dongola, dans la Nubie, jufqu'à quelques journées au-deffus de Syene, où le fleuve commence à être navigable.

Les Nubiens (& le fait eft vrai fans être vraifemblable), les Nubiens, dis-je, fe hafardent, dans la faifon de l'année où le fleuve, étant dans toute fa plénitude, eft moins brifé par les rochers, de franchir fur des radeaux ces terribles Cataractes. Arrivés à la dernière, qui eft la plus dangereufe, ils ferment les yeux, pour ne point voir

____

(*a*) Cicéron dit que la nation qui habite auprès de ces Cataractes, eft fourde : *Ubi Nilus . . . fe præcipitat ex altiſſimis montibus, ea gens quæ illum locum accolit, propter magnitudinem fonitus, fenfu audiendi caret.* Voyez *Somnium Scipionis*, cap. 5.

la mort qui les menace, & quelques minutes après, ils fe retrouvent à un quart de lieue de la cafcade. Si dans la chûte le radeau fe brife contre un rocher, ils s'attachent fortement à quelqu'une des folives qui le compofent. Enfuite arrivés dans un endroit où le lit du fleuve eft tranquille, ils raffemblent les débris de leur naufrage, & continuent leur route en Egypte, n'ayant plus à lutter que contre les hippopotames & les crocodiles.

Le Nil, depuis la dernière de fes Cataractes, fe trouve refferré, comme nous l'avons dit, par deux chaînes de montagnes qui ne l'abandonnent plus jufqu'au Delta. Les plus hautes font à fa droite : elles forment un mur continu de rochers perpendiculaires, qu'excepté dans une feule gorge, toute l'induftrie humaine ne faurait franchir. L'autre chaîne eft moins inacceffible ; de tems en tems elle eft coupée par des vallons qui permettent au fleuve de s'étendre dans la Libye , pour y porter la vie & la fécondité.

Les deux chaînes, arrivées vers la plaine des pyramides , se rapprochent de manière qu'elles laissent à peine au Nil une lieue & demie pour s'étendre : après quoi elles se séparent. La montagne orientale se recourbe du côté de la mer Rouge, & l'occidentale vers la Libye. Alors le fleuve , affranchi de ses entraves , se partage en deux branches pour former le Delta, & va se jetter dans la Méditerranée, d'un côté à Damiette, & de l'autre à Rosette.

Les Anciens comptaient sept embouchures au Nil , & Diodore même nous en a conservé les noms : les trois premières étaient celles de Péluse, de Tanis & de Mendes ; on appellait les autres la Phatnitique , la Sebennyte , la Bolbitine & celle de Canope ; il n'existe de ces sept bouches du fleuve que la première & la dernière ; il est probable que les cinq intermédiaires répondaient

à des canaux faits de main-d'hommes,
que peu à-peu le limon du Nil & les
fables ont comblés.

Aujourd'hui encore on voit à Damiette & à Rofette, des traces d'un terrein qui s'élève fans ceffe, & qui tend
à changer encore la pofition des deux
embouchures qui reftent. L'entrée du
fleuve, à ces pointes du Delta, n'eft
praticable que dans certaines faifons de
l'année, & pour de très-petits navires.
Le Nil y amoncèle des fables que la
force des vagues de la Méditerranée
empêche de s'étendre. C'eft de ce com-
bat entre l'onde limoneufe du fleuve &
les flots de la mer, que naiffent les
barres qu'on voit dans ces parages, &
que les Africains appellaient Bogas. Lorfque la mer en courroux brife contre
ces barres de fable, on fe croit tranfporté auprès des Cataractes. Les Turcs,
maîtres de l'Egypte, ne les envifagent
qu'avec effroi, & ils difent que *qui ne
craint pas le Bogas, ne craint pas Dieu.*

Ce qui a passé en proverbe.

Le Delta, ou l'intervalle entre les deux divisions du Nil, était coupé autrefois par une multitude infinie de canaux qui faisaient circuler par-tout les germes de la fécondité. On avait bâti, pour faciliter le commerce d'une ville à une autre, des ponts sur ces canaux, la plupart d'une seule arche, mais courbés en arc; car l'architecture de ces tems barbares n'avait pu encore deviner le secret des voûtes plates qui assure l'immortalité à nos ponts de Neuilly & d'Orléans.

Quant au Nil lui-même, quoi qu'en dise Paul-Lucas, on n'a jamais songé depuis la fondation de la Monarchie, à y bâtir des ponts; il serait en effet assez difficile d'élever des arches assez hautes pour n'être point ensévelies sous des eaux qui montent, dans le tems de leur crue, jusqu'à environ cinquante pieds; l'Hellespont, à cet égard, serait plus aisé à subjuguer que le Nil; mais

il n'y a eu de Xerxès ni parmi les Ptolémées, ni parmi les Pharaons.

Les canaux factices du Nil n'étaient
pas bornés au Delta. Les Souverains des
premières dynasties, afin de prévenir les
inégalités des débordemens du fleuve,
l'avaient saigné dès son entrée en Egypte;
ils avaient fait construire à cet effet des
aqueducs sur la rive gauche du Nil, qui
recevaient ces eaux surabondantes & les
conduisaient jusqu'au sommet des montagnes de la Libye (*a*).

(*a*) » Pour bien comprendre l'effet de ce
» grand ouvrage, il faut observer que dès
» l'entrée du Nil dans la Thébaïde, ce fleuve
» allant directement du sud au nord, il y a
» une pente assez considérable de l'une à l'au-
» tre de ses extrémités. De-là, il est aisé de
» conclure qu'en construisant les aqueducs en
» demi-cercle, dont un bout touchait au fleuve,
» tandis que l'autre descendait vers les mon-
» tagnes, ils pouvaient être, par une ligne
» presque parallèle à l'horison, très-élevés
» du côté de la Libye, & cependant au ni-

Ces aqueducs, dont quelques‑uns avaient cent pieds de large fur vingt de hauteur, me paraiffent le plus bel ouvrage des Pharaons. Du moins c'eft un monument de bienfaifance, & ces énormes pyramides dont ils furchargè‑ rent la terre, ne furent que des mo‑ numens de vanité. Il y avait vingt de

----

» veau du fleuve, dans l'endroit qui y abou‑
» tiffait. Ainfi en prenant l'eau du Nil dans
» un fond égal à fon lit, fans autre fecours
» de l'art, on pouvait, à la faveur de l'exhauf‑
» fement infenfible de ces aqueducs, à me‑
» fure qu'ils s'éloignaient du Nil, la porter au
» fommet des montagnes qui bordent les dé‑
» ferts de la Libye, & verfer au‑delà, dans
» les plaines arides qui s'y rencontrent, les eaux
» fuperflues. Par‑là, quelque médiocre que
» fût la crue du fleuve, l'Egypte était tou‑
» jours arrofée également, & par le moyen
» des aqueducs qui s'ouvraient pour la Libye,
» quand l'accroiffement était trop confidéra‑
» ble, elle n'avait rien à redouter de la fu‑
» reur de fes débordemens. *Defcript. de l'E‑*
gypte du Conful Maillet, tom. 1, pag. 57.

ces aqueducs depuis l'entrée de la Thébaïde jusqu'à Memphis. Les deux derniers portaient les eaux du Nil au lac Mareotis, & dans les déserts où était bâti le temple de Jupiter Ammon. Les Conquérans de l'Afie, en fubjuguant l'Egypte, ceflèrent d'entretenir les aqueducs, & dès-lors ils tombèrent en ruines. Il ne reste plus aujourd'hui de ces antiques monumens, que les deux canaux qui conduifent les eaux du fleuve chez les Elouah & dans la petite Province de Fioum. Les villes même qu'ils avaient fait naître, ne font plus qu'un amas de décombres. L'Arabe qui les foule aux pieds, dit que cette région, dans des tems plus heureux, fut le féjour des Fées. Cet homme, né libre, voyant des veftiges de grandeur chez une nation toujours affervie à des Conquérans ou à des Defpotes, aime mieux attribuer de pareils monumens à la baguette des Fées, qu'au génie des efclaves.

Pour achever l'histoire du Nil , il faut voir ce fleuve inondant les plaines du Delta , & par-tout portant avec le limon qu'il dépose , les germes heureux de la fécondité. Sa crue , qui fait la richesse-du pays , commence tous les ans, mais d'une manière insensible vers le commencement de Mai ; il s'enfle peu-à-peu ; il s'irrite des barrières que ses rivages lui opposent , les franchit , & couvre les campagnes ; l'aspect de la basse-Egypte , à cette époque , est vraiment pittoresque. L'œil se perd dans un océan sans bornes , d'où s'élèvent une foule de villes qui ne communiquent entr'elles que par des chaussées. L'inondation dure depuis le solstice de l'été, jusqu'à l'équinoxe d'automne : alors a scène change, & le Delta devient une vaste prairie qui jaunit quatre mois après par les épis de bled qui couvrent sa surface. L'imagination orientale peint cette triple décoration , en disant que l'Egypte , argentée en Septembre , se colore en Novembre du verd des émeraudes, & devient toute d'or en Avril, soit à cause de la couleur de ses épis, soit à cause de la richesse des moissons.

L'imagination Grecque, non moins féconde que l'imagination orientale, s'est aussi exercée à trouver, dans le nom même du Nil, l'emblême de l'année qu'elle rend féconde. Son essai en ce genre a été heureux, & je ne doute pas qu'on ne l'ait cité avec distinction dans le Mercure d'Athènes; en effet si vous prenez le mot Neilos (tel que les Grecs le prononçaient), & que vous cherchiez la valeur de chaque lettre dans les chiffres qu'elles représentent, vous y trouverez 365 (a). Mais c'est assez s'arrêter sur de vains logogryphes.

L'inondation périodique du Nil a long-tems fait déraisonner les Physiciens qui cherchaient la cause de ce phéno-

____

(a) En voici la preuve. On sait que les camène. Thales , un des sept Sages de la Grèce, disait que les vents Etésiens , qui souflent contre les embouchures du fleuve , font refouler ces eaux dans le Delta ; mais il est assez difficile de croire que le Nil, s'élevant, pendant sa crue, à la hauteur de cinquante pieds, cet effroyable amas d'eau puisse être ainsi soutenu par le vent. Cette raison n'est bonne que pour le peuple , qui croyait au souffle puissant d'Eole , & au *Trident* de Neptune.

Anaxagore se rapprochait un peu plus

---

ractères des Grecs servaient à la fois à leur Arithmétique & à leur Grammaire.

N	50
E	5
I	10
λ	30
O	70
ς	200
	365

de la vraisemblance, en prenant pour principe des débordemens du Nil, la fonte des neiges de l'Ethyopie. Malheureusement la neige est inconnue dans la zône torride, & la Grammaire des Nègres manque de termes pour l'exprimer.

Démocrite d'Abdere avouait qu'en effet il n'avait jamais neigé en Ethyopie ; mais il soutenait que les vapeurs froides & humides, supendues entre les tropiques & les pôles, demeuraient, pendant quelques mois congelées dans les airs, jusqu'à ce que les chaleurs de l'été les fissent dissoudre. Toute cette mauvaise physique, imaginée pour rectifier un système, ne peut soutenir les regards de la raison, & l'atmosphère congelé de Démocrite, est aussi absurde que la neige Ethyopienne d'Anaxagore.

L'idée d'Ephore, que la terre du Delta, spongieuse de sa nature, récèle, pendant l'hiver, les eaux que pendant l'été elle laisse suinter de ses pores : cette idée, dis-je, n'est qu'un paradoxe ingénieux, démenti par les faits, & qui n'a pu naître que dans le cerveau exalté d'un Philosophe qui fait le monde, au lieu de le décrire.

Les Modernes n'ont pas été, en général, plus heureux que les Anciens dans l'explication du phénomène qui nous occupe. On peut en juger par l'opinion la plus généralement adoptée des Physiciens du siècle de Louis XIV. Le sol de l'Egypte, disaient-ils, étant imprégné de nitre, il se fait, à l'approche du soleil, dans les eaux du Nil, une fermentation qui grossit leur masse & les oblige à se déborder ; ils n'observaient pas que si la chaleur du jour raréfie une goutte d'eau au point de lui faire occuper la place de dix, le froid de la nuit, en la condensant, doit la ramener à son premier volume ; mais, observe-t-on, quand on imagine de pareilles hypothèses ?

Le débordement du Nil vient tout naturellement des pluies qui tombent en Ethyopie entre les deux équinoxes. Ces pluies commencent à l'équateur, & s'étendent jusqu'au vingtième degré de latitude septentrionale. Ainsi la moitié du Royaume de Sennaar en est exempte, tandis que l'autre moitié en est noyée.

Quoique le débordement commence & finisse, en Egypte, aux mêmes époques, il ne monte pas toujours à la même hauteur; ce sont ces irrégularités qui causent la stérilité du pays ou son abondance.

La mesure du débordement, pour procurer l'abondance, a encore singulièrement varié depuis le Pharaon Mœris jusqu'à nous. Voici le tableau de ces variations, que notre physique même, toute éclairée qu'elle est, ne sera pas assez téméraire pour expliquer.

	Coudées (a)	pieds	pouces	lignes	fractions
Hauteur de la crue du Nil fous le règne de Mœris, pour procurer la fécondité	8 ou	13	4	4	$\frac{352}{1000}$
Du tems d'Hérodote. .	15	25	0	8	160
Avant Strabon.	17	28	4	9	248
Au fiècle de Strabon. .	15	25	0	8	160
Au tems de Pline. . . .	14	23	4	7	616
Sous les Empereurs Ro-					

(a) La coudée que j'évalue eft celle du Nilomètre, que le fçavant Auteur des *Ruines de la Grèce*, a fixée à un pied huit pouces & 544 millièmes de lignes. — Ce millième eft fousentendu depuis la feconde ligne de chiflres, dans la colonne des fractions.

	Coudées	pieds	pouces	lignes	fractions.
mains, qui précédèrent Constantin, autant qu'on peut le conjecturer par le nombre de 16, gravé sur des médailles frappées en Egypte. .	16	26	8	8	704
Sous Julien, suivant la cinquantième lettre de cet Empereur.	15	25	9	8	160
Sous le Calife Omar, l'an 654 de l'Ere vulgaire.	15	25	0	8	160
L'an 1153					

	Coudées	pieds	pouces	lignes	fractions.
de la même Ere, suivant le Schérif al Edriffi. . . .	17	28	4	9	248
L'an 1324, suivant l'Arabe Kalkafenda. . . .	16	26	8	8	704
Vers l'an 1520, suivant Jean Léon, Ecrivain Arabe de Grenade.	15	25	0	8	160
En 1583, suivant le Prince Radziwil, dans son voyage de Jérufalem.	21	35	0	11	424
Au commencement de ce fiècle,					

	Coudées	pieds	pouces	lignes	fractions.
suivant le Conful Maillet.	22	36	8	11	968
Vers 1739, suivant Richard Pockoke.	23	38	5	0	512

Comme il n'y a rien de plus inté-
reffant pour les Egyptiens que le débordement du Nil , parvenu à une
hauteur qui favorife la culture des terres, de tout tems la fuperftition a cher-
ché à tirer des pronoftics fur la grandeur de fa crue. On voit dans les Au-
teurs Arabes , que fous les Pharaons,
il y avait diverfes machines hydrauli-
ques , imaginées par l'impofture facerdotale , pour entretenir à cet égard la
crédulité de la multitude ; tantôt c'é-
taient des puits, dont les côtés étaient
gradués , & où l'eau montait pendant
la durée du facrifice ; tantôt on fe con-

tentait de fufpendre dans un réfervoir facré, une corde qui touchait à la furface de l'eau; cette corde était partagée d'efpace en efpace, par des fils de coton coloré, & formait une efpèce de fyphon; on jugeait, par la quantité de nœuds qui fe trouvaient imbibés, du nombre de coudées où s'éleverait le Nil à l'époque de fon débordement.

Le pronoftic, par la voie des obé-lifques, était le plus commun dans le premier âge de la Monarchie. Ces monumens étaient, d'ordinaire, furmontés d'un chapiteau, d'où un Prêtre, caché pour les regards profanes, laiffait, pendant la cérémonie religieufe, tomber des gouttes d'eau. Le peuple comptait ces gouttes avec une inquiétude fuperftitieufe; quand leur nombre préfageait une année heureufe, on chargeait les autels d'offrandes, pour remercier les Dieux; quand il annonçait une difette, on redoublait les offrandes pour les fléchir. Quel que fût le pronoftic, comme la multitude était toujours prodigue, le Prêtre était toujours content.

On fe doute bien que la nature n'étant pas aux ordres des Prêtres Egyptiens, il y avait très-fouvent de la différence entre la hauteur réelle de l'accroiffement, & celle qui avait été prédite; mais les yeux ne fe deffillaient jamais : c'était toujours le puits, la corde ou l'obélifque qui avaient raifon; & on attribuait la différence, entre l'oracle & l'accompliffement, à la négligence des Miniftres prépofés pour compter le nombre des nœuds ou celui des gouttes. Le Copte Chrétien, efclave des Turcs, eft à cet égard auffi courbé fous le joug du préjugé, que l'était autrefois l'adorateur d'Apis, efclave des Pharaons.

Quand c'eft l'intérêt qui rend l'homme fuperftitieux, il devient bientôt barbare. Auffi, de tems immémorial, c'était l'ufage en Egypte, tous les ans, afin de se rendre le Nil favorable, de parer une jeune Vierge, & de la précipiter dans le fleuve, comme pour lui en procurer la jouissance. Ce trait de fanatisme déshonore les annales des Ptolémées, comme celles des Pharaons. Ce fut, qui le croirait! un Musulman qui ramena l'Egyptien à la nature. Le trait est célèbre dans l'histoire de l'Orient. Peu d'années après la mort de Mahomet, le Nil, à l'époque marquée, eut un si faible débordement, que l'Egypte fut menacée d'une stérilité totale : comme il y avait eu, de la part du Gouverneur, une défense de sacrifier la Vierge, le peuple ne manqua pas d'en conclure que le ciel était en courroux, & menaça de se révolter. Omar, qui régnait alors, joua, sans cesser d'être homme, le rôle de successeur du Prophète; il écrivit au Nil, que s'il fallait faire couler le sang humain pour acheter la faveur de ses débordemens, il allait transporter les Egyptiens dans une contrée plus

heureufe, ce qui le réduiſait à n'arro-
ſer que des déſerts. Les Arabes diſent
qu'au moment où la lettre du Calife
fut jettée dans le fleuve, il commença
à s'élever, & qu'au bout de quinze
jours il inonda les campagnes. Ce ha-
ſard heureux fut interprété comme un
prodige : on vit que le ſucceſſeur de
Mahomet en ſavait plus que les Prêtres
de l'Egypte, & dès-lors on abandonna
le ſacrifice.

Outre les pronoſtics de l'accroiſſement du Nil, que l'Egypte devait à
l'impoſture ſacerdotale, le Gouvernement, de tout tems, prit des meſures
pour conſtater la hauteur de ſa crue,
afin de régler la ſomme des impoſitions
ſur le produit des terres qui ne doivent
qu'au fleuve leur fertilité ; voilà l'origine des anciens hydromètres connus en
Egypte ſous le nom de Mikias.

Le ſeul Mikias qui ſubſiſte aujour-
d'hui, eſt ſitué à la pointe d'une Iſle,
entre le vieux Caire & le nouveau. C'eſt

une tour octogone, dont le fond, parfaitement bien pavé, eft de niveau avec
le lit du Nil. Au milieu eft une colonne
graduée de pouce en pouce & de coudée en coudée, fur laquelle on voit d'antiques caractères. L'Architecte a eu foin
de ménager à l'angle de l'édifice qui
regarde le fleuve, diverfes ouvertures
deftinées à recevoir fes eaux. Ordinairement, quand le Nil eft le plus bas,
l'eau ne s'élève fur la colonne qu'à la
hauteur de dix coudées; les Arabes
citent même une époque où le fleuve,
dans le Mikias, fécha jufqu'à la dernière
goutte.

La première cérémonie du Mikias,
regarde la mefure de cette quantité
d'eau qui y refte avant le premier inf-
tant de la crue. On y procède vers la
fin d'Avril, & on dreffe un acte public pour le conftater. L'Officier, chargé
de cet emploi important, l'exerce de
père en fils depuis environ onze cents

ans , c'eft-à-dire, depuis la conquête de l'Egypte par les Califes.

Les Magiftrats rentrent , au Mikias, le 29 de Juin : alors le fleuve a cru de neuf à dix coudées ; on en rend compte au Divan, qui fait publier la mefure au Caire & de-là dans toute l'Egypte.

De cette époque jufqu'à celle de la plus grande hauteur du débordement , c'eft-à-dire, jufques vers la fin de Septembre, on rend publique tous les matins la mefure de la crue pendant la nuit. Cependant quand l'inondation trop forte annonce l'impoffibilité d'enfemencer les terres , le Gouvernement, qui ne veut point allarmer les Cultivateurs, fait ceffer la publication ; mais ce filence, toujours interprété par la crainte, fait autant de mal que l'annonce du fléau. Il n'eft jamais utile de tromper le peuple, quand il s'agit de fes premiers befoins. Plus cette grande vérité politique s'efface dans les têtes qui gouvernent , plus on doit la répéter dans les monumens de l'hiſtoire.

Du moment où le fleuve générateur de l'Egypte , avait pris ſon plus grand accroiſſement , l'Adminiſtration n'avait plus à veiller que ſur l'ouverture de ſes canaux : car ce ſoin n'était point abandonné au caprice des Cultivateurs ; ſi on eût permis de les ouvrir trop tôt , il était à craindre que le Nil ne s'épuiſât, avant d'avoir atteint la hauteur néceſſaire pour fertiliſer toutes les campagnes ; ſi on eût trop différé , une inondation trop forte pouvait nuire également à la culture. C'eſt pour prévenir ces abus , que les Magiſtrats ſeuls ont le pouvoir de faire ouvrir les canaux. Autrefois l'époque était fixée au 16 Septembre pour la haute Egypte , & au 25 pour le Delta. Aujourd'hui elle varie. Cependant on attend ordinairement que le Nil ſoit monté à 16 coudées, ſur la colonne du Mikias.

Le jour de l'ouverture des canaux

est une fête solemnelle pour l'Egypte.
Les Pharaons, pour en augmenter la
pompe, s'y rendaient avec tout le faste
du pouvoir suprême, ou du moins ils
y envoyaient l'héritier présomptif de la
couronne. Les Prêtres portaient les statues d'Isis & d'Osiris, symbole du ma-
riage du Nil avec l'Egypte, & un peuple innombrable, répandu sur les rivages du fleuve, chantait l'épithalame.
On voit encore cette cérémonie peinte
sur les bandelettes d'un grand nombre
de momies.

Les Egyptiens, avant d'instituer cette
fête, avaient fait l'apothéose du Nil
même. Au reste, ce délire de la reconnaissance envers lui, est bien plus
excusable que le délire de la terreur
qui les porta à décerner un culte aux
Crocodiles. On pardonne plus aisément
à la superstition d'encenser l'onde qui
enrichit ses adorateurs, que le monstre
qui les dévore ; il est certain que le
Nil mérita plus de l'Egypte que la

plupart de fes Pharaons , & c'eft le feul fleuve du globe dont l'hiftoire mérite d'être liée avec celle des hommes.

DE L'ORIGINE

DE LA POPULATION EN EGYPTE.

L'EGYPTIEN habitant un pays créé par le fleuve qui l'arrose, n'a pu être Autochtone. Voilà une vérité reconnue par tous nos Ecrivains qui ont écrit ses annales. Mais de quelle contrée du globe font partis les premiers sujets des Pharaons ? Quelle a été la Métropole de cette colonie qui a usurpé pendant tant de siècles les hommages des générations ? Voilà sur quoi l'Europe moderne se partage.

Des Sçavants, persuadés sur la foi des Prêtres d'Héliopolis, que les Egyptiens furent le premier peuple de la terre en sagesse & le second en antiquité, les envoient, dans les premiers âges, fonder les Empires fur notre continent, & donner à l'extrémité de l'Afie, leurs mœurs & leurs loix à la Chine, qui ne s'en eft jamais douté (a).

Rien n'égale la bifarrerie de ce paradoxe, fi ce n'eft l'idée d'un Aftronome, que les Egyptiens font eux-mêmes une colonie des Chinois (b), ainfi que le lui ont foutenu des Indiens qui n'ont été ni en Egypte, ni à la Chine.

Je me trompe : il y a dans les ouvrages de nos Philofophes, une rêverie encore plus étrange fur l'origine des Egyptiens ; c'eft l'opinion qui fait defcendre en droite ligne des glaces du Spitz-

___

(a) Tel eft le fentiment de Kirker, de l'Evêque Huet, & fur-tout de M. de Guignes, qui a fait fur ce fujet un Mémoire mille fois réfuté, foit par les faits, foit par les Philofophes.

(b) *Voyages dans les mers de l'Inde*, par M. le Gentil, tome I, pag. 148.

berg, ce peuple voisin de la zône torride (*a* ; il est vrai que pour pallier cette
contradiction, on ajoute qu'alors le cercle polaire était le Paradis du globe.

Sans entrer, avec l'Apôtre du Nord,
dans ce Paradis, nous nous contenterons d'observer que l'époque de cette
émigration devant, dans le système de
l'Auteur, remonter à près de cinq cents
siècles, ne se concilie point avec la
chronologie de la raison, qui ne peut
donner à la Monarchie Egyptienne, seulement cinq mille ans d'existence.

Eh ! comment y aurait-il eu des Rois
Egyptiens au premier âge du monde,
puisqu'au tems seulement ou Babylone
maîtrisait l'Asie, il n'y avait point encore
d'Egypte ? Existe-t-il des trônes, quand
la terre qui les porte n'existe pas ?

L'Egypte est l'ouvrage du Nil, comme
notre Hollande est l'ouvrage des hom-

______

(*a*) *Lettres sur l'Atlantide*, passim.

mes ; & il fuffit de voir en Phyficien la furface de ces deux régions , pour favoir quand elles ont commencé.

Tout, en Egypte, porte l'empreinte d'un pays conquis fur la mer , à une époque qui n'eft point inacceffible à nos recherches.

Le Delta , tous les jours , gagne fur la Méditerranée ; les fables que le Nil amoncèle à fon embouchure élèvent le terrein ; & on eft tout étonné de voir, dans l'intérieur des terres , des anfes couvertes d'eaux ftagnantes où les vaiffeaux de l'Europe abordaient du tems des croifades.

Quand on remonte vers l'Heptanomide, on retrouve les mêmes veftiges de l'ancien féjour de la mer. A deux ou trois journées du Nil du côté de la Libye , on voit enfevelis dans les fables des débris d'édifices publics & de fortereffes. Nous avons prouvé , dans l'hiftoire du monde primitif, que c'étaient les reftes d'anciens ports de mer,

puifqu'on voit toujours à peu de diftance & dans le même alignement ,
des baffins entourés de rochers qui fervaient évidemment d'afyle aux navires ;
ces ruines, éloignées entr'elles de plufieurs lieues , fe prolongent graduellement dans les terres, quand on les parcourt en fortant de la Méditerranée ; il
femble que les peuples, fentant le be-
foin qu'ils avaient de la mer, s'en foient
toujours rapprochés , à mefure qu'elle
les abandonnait.

Cette hypothèfe , fi vraifemblable ,
eft appuyée de la tradition des Africains,
qui habitent ces contrées. On y appelle
encore mer de Barca , mer de Cyrene,
mer d'Ammon , les plaines de fables
qui leur ont fuccédé. La plus célèbre de
ces mers deffséchées eft à deux journées
du Caire. Les Arabes la nomment *Ba-
har-Bellomah*, c'eft-à-dire , mer fans eau.
On y rencontrait encore , au commencement de ce fiècle , des navires entiers
pétrifiés.

A trente lieues du Caire, il y a une vallée de plus de 30 lieues qui conduit, par une pente douce, jufqu'à la mer Rouge ; cette vallée eft remplie, à la hauteur de plufieurs coudées, de coquillages de toute efpèce. Il eft évident qu'ils y ont été amoncelés par les flots, & que la mer s'eft retirée fucceffivement de ces plages. Des Phyficiens ont auffi obfervé que les vaiffeaux qui venaient jufqu'à Suez, il y a 80 ans, font obligés de mouiller aujourd'hui à feize milles plus bas, & que le fameux port de Colzum, dont il eft parlé fi fouvent dans les premières annales du Mahométifme, ferait, s'il exiftait encore, à plus de dix lieues de la mer Rouge.

La Thébaïde même & les deux chaînes de montagnes parallèles qui lui fervent de rempart, portent l'empreinte d'un ancien féjour fous les eaux. Les montagnes fur lefquelles font bâties les pyramides de Gizeh, récèlent dans leur fein de vaftes amas de coquillages pétrifiés. Pockoke a vu, à Saccarah, deux pyramides, dont les pierres font formées d'écailles d'huitres, liées enfemble par un ciment impénétrable *(a)*. Il femble qu'en Egypte tout appartienne à la mer, foit les ouvrages de la nature, foit les ouvrages des hommes.

Et fi cette Egypte a élevé fa tête orgueilleufe au-deffus des eaux plutôt qu'elle ne devait l'efpérer, elle le doit uniquement à fon fleuve, qui, en charriant fans ceffe du limon nouveau, a élevé le fol qu'il arrofe & forcé la Méditerranée à reculer les limites de fon empire. Toute l'antiquité dépofe en faveur de ce fait. Homère, le peintre des hommes & de la nature, dit que, de fon tems, l'ifle de Pharos était éloignée de l'Egypte d'environ trente lieues *(b)*, & aujourd'hui un pont de quel-

---

(*a*) *Voyages*, tome 2, pag. 111.

(*a*) Ce Poète dit que l'intervalle qui la fépare du continent, peut fe comparer au che-

ques arches la réunit à la ville d'A-
lexandrie.

Ariftote, qui aime à interpréter Homère , explique ce texte de l'Odyflée
par une obfervation fur l'Iliade. » Le
» terrein de l'Egypte , dit ce Philofo-
» phe , fe défsèche tous les ans de plus
» en plus ; c'eft qu'il a été entièrement
» formé par le dépôt de limon que le
» Nil charrie dans le tems de fes débor-
» demens ; comme cet accroiffement fe
» fait avec lenteur, il n'eft pas furpre-
» nant qu'on ignore l'époque de fon
» origine , & que la multitude fe per-

---

min que ferait un vaiffeau pendant un jour
entier, s'il voguait à la faveur d'un bon vent.
Odyff. lib. 4. Strabon, Pline & Plutarque n'é-
valuent cette route d'un vaiffeau, bon voi-
lier, qu'à foixante milles Romains, qui font
à peine 18 lieues ; il eft évident qu'ils fe
trompent ; & nous ne ferons point contredits
de nos Marins, quand nous la porterons jufqu'à trente.

» fuade que les chofes ont toujours
» été telles qu'elles font aujourd'hui.
» Cependant il eft vifible qu'à l'excep-
» tion du grand canal de Canope, tou-
» tes les autres branches du Nil font
» faites de main d'homme. On peut
» affurer auffi que non-feulement le
» Delta, mais encore le terrein de Mem-
» phis, font des pays nouveaux. Le
» filence d'Homère au fujet de cette
» Métropole de l'Egypte, tandis qu'il
» parle de Thèbes, fituée à une plus
» grande diftance de la mer, nous mon-
» tre qu'au tems de la guerre de Troye,
» cette première ville n'exiftait pas (*a*).

Hérodote, dont l'enthoufiafme pour
les Egyptiens donne quelque poids à ce
qu'il dit pour les dégrader, a été jufqu'à donner un principe, pour calculer
le tems que le Nil a dû employer à
créer le pays qu'il arrofe. Voici fon

____

(*a*) Arift. *Météorolog.* lib. 1. cap. 14.

texte tout entier. C'eſt peut-être ce qu'il y a de plus précieux, aux yeux de la raiſon, dans ſes annales de l'Egypte.

» J'ai vu par moi-même que la plus
» grande partie de la contrée dont j'é-
» cris l'hiſtoire, était un préſent du
» Nil. En effet, tout l'intervalle des
» montagnes, au-deſſus de Memphis,
» ne put être autrefois qu'un bras de
» mer. Si le fleuve changeait de cours,
» & qu'il ſe dirigeât du côté du gol-
» phe d'Arabie, il eſt probable qu'en
» deux cents ſiècles il le remplirait de
» fange & de limon. Je penſe qu'il
» n'en a fallu que la moitié pour com-
» bler le golphe de la Méditerranée qui
» s'étendait juſqu'à Memphis. Ce qui
» achève de me convaincre de la vé-
» rité de la tradition, ſur cet exhauſſe-
» ment ſucceſſif du ſol de l'Egypte,
» c'eſt qu'on trouve des coquillages dans
» ſes montagnes, & que l'eau ſalée
» qui en découle, ronge juſqu'aux py-
» ramides. . . . . Les Prêtres d'Héliopo-

» lis m'ont confirmé dans mon opinion,
» en me citant un fait bien étrange.
» Sous le règne de Mœris, il suffisait
» au Nil de croître de 8 coudées pour
» couvrir le Delta ; aujourd'hui il en
» faut au moins 15 pour que cette
» contrée profite de son débordement.
» Cependant l'intervalle entre les deux
» époques est à peine de neuf cents ans.
» Si cet accroissement du sol continue
» graduellement toutes les années, le
» terrein parviendra un jour à une telle
» hauteur, que les eaux du Nil ne
» pouvant plus y atteindre, même dans
» leur plus grande crue, l'Egypte de-
» viendra alors un vaste désert (*a*).

Le Consul Maillet, qui a également
bien peint l'Egypte des Pharaons & l'E-
gypte des Sultans, parcourut, son Hérodote à la main, le pays qu'il décrit, &
vit que cet Historien n'en avait point

(*a*) Hérod. *Euterpe*, vel lib. 2.

impofé à fon fiècle. ,, S'il m'eft permis,
,, dit ce Voyageur célèbre , de joindre
,, mon témoignage à celui des Ecrivains
,, de l'Antiquité , je puis affurer que ces
,, coquillages qu'Hérodote dit avoir re-
,, marqués dans les rochers voifins de
,, Memphis, je les y ai vus de même en
,, 1692 , que je les y retrouvai en 1718 ,
,, & que, fans doute, ils y feront encore
,, dans plufieurs milliers d'années. On
,, apperçoit auffi au nord du Sphinx, qui
,, eft à trois cents pas de diftance de la
,, feconde des pyramides, une éminence
,, dont la cime eft couverte des mêmes
,, coquillages. Ce qui prouve que ce ter-
,, tre a été autrefois couvert des eaux
,, de la mer, qui a baiffé depuis de cette
,, hauteur jufqu'à fa furface préfente :
,, cette différence eft au moins de cin-
,, quante toifes. J'ai lu dans le Macrifi,
,, qu'en creufant un puits taillé dans le
,, roc, au pied du château du Caire, on
,, rencontra, en arrivant à la fource, une
,, poutre qui traverfait le rocher. Il eft

» évident que depuis la chûte de cette
» poutre au fond de la mer, tout le
» fable dont la pierre qui la couvrait a
» été furmontée, s'eft amaffé fur elle
» dans la mer même ; qu'ainfi la Mé-
» diterranée qui a furmonté le tertre
» dont je viens de parler, & qui y a at-
» taché des coquillages, couvrait auffi
» cet efpace dont la profondeur eft de
» plus de cent cinquante pieds ; d'où il
» réfulte en même-tems, que tout ce
» qu'on voit aujourd'hui de terrein dé-
» couvert, depuis cet endroit jufqu'à la
» mer, eft un pays neuf, dont l'Egypte
» s'eft accru.

    » Il eft certain que depuis Alexandrie
» jufqu'au-delà de Damiette, la mer a
» très-peu de fonds, pendant l'efpace de
» quinze ou vingt milles en s'éloignant
» de la côte ; & comme ce fonds eft
» d'ailleurs plein de vafe, on ne peut
» douter que cela ne procède des fables
» que le Nil entraîne. Il réfulte de ce
» fait que la Méditerranée s'éloigne cha-

» que jour infenfiblement de fes rivages ;
» c'eft ce qu'on apperçoit fans peine
» dans l'intervalle de quelques fiècles.
» On fçait, par exemple , que Foua
» était encore, il n'y a guères que 300 ans,
» à l'embouchure du Nil du côté de Ro-
» fette , au lieu que cette ville s'en trouve
» à préfent éloignée de fept à huit milles
» de diftance. Enfin, la fortereffe de Ro-
» fette, qui fe trouvait , il y a quatre-
» vingts ans, vis - à - vis de la barre du
» fleuve , s'en trouve aujourd'hui à dix
» milles. J'ai vu moi-même qu'en 1692,
» à mon arrivée en Egypte , la mer n'é-
» tait qu'à une demi-lieue de cette ville ;
» au lieu qu'en 1718, j'ai eftimé le che-
» min qui les fépare d'une grande lieue.
» Par cette vîteffe avec laquelle s'accroît
» le terrein du Delta , on peut juger du
» changement arrivé dans cette contrée
» depuis Hérodote (a; «.

––––––––––––––––––––

(a) *Defcription de l'Egypte* , tome 1 , pag.
118.

Cet accord des Anciens & des Modernes sur un fait, qui d'ailleurs se concilie avec la saine Physique, prouve jusqu'à l'évidence que l'Egypte créée par le Nil est un pays tout neuf, si on le compare aux anciennes Monarchies de Tyr, de Ninive, de Babylone & de Persépolis (*a*).

(*a*) Fréret a fait une dissertation pleine de recherches pour infirmer ces résultats. Voyez *Mém. de l'Acad.*, tome 25, pag. 354. Mais l'esprit ne peut rien contre les faits. On le verra souvent dans le cours de cette histoire.

D'abord ce Sçavant illustre n'a écrit contre le Nil, que parce qu'il en avait besoin pour donner une base à sa chronologie, ce qui donne un air suspect à son scepticisme.

Il suppose que l'Egypte d'Hérodote n'a pu s'élever d'une coudée par siècle, parce que depuis cet Historien, mort il y a environ 2200 ans, le même pays ne s'est pas élevé graduellement de vingt-deux coudées ; d'abord le fait est mal exposé : Hérodote ne dit pas que l'Egypte s'élève d'une coudée par siècle, mais seulement que le Delta s'est exhaussé de sept coudées pendant neuf cents ans ; ensuite pour que le raisonnement du Critique fût juste, il

. Maintenant on eſt en état d'apprécier les rêveries orgueilleuſes des Prêtres.

---

faudrait que, depuis Hérodote juſqu'à nous, la hauteur du débordement du Nil, pour procurer la fécondité des terres, eût toujours augmenté par degrés. Or, on peut voir par le tableau de la page 230 la fauſſeté de ce réſultat. La crue du fleuve, depuis l'époque indiquée, s'eſt toujours maintenue entre quinze, ſeize & dix-ſept coudées juſqu'à l'an 1583 de l'Ere vulgaire. Voilà donc l'Egypte qui a ceſſé de s'élever pendant deux mille ans, & par conſéquent le ſyllogiſme de Fréret en pouſſière.

Sçavez-vous comment le Critique réfute l'induction tirée du ſilence d'Homère ſur l'exiſtence de Memphis ? *Cette raiſon ne prouve rien, dit-il, par cela même qu'elle prouverait trop.*

Fréret avoue qu'on trouve ſur les montagnes de l'Egypte, des coquillages qui annoncent leur ancien ſéjour ſous les eaux; *mais, dit il, ce n'eſt pas le Nil qui a élevé le terrein de ſix cents pieds, c'eſt le niveau de la mer qui a baiſſé de cette hauteur.* Aſſurément je ne doute pas que la mer n'ait abandonné par degrés ce globe que nous habitons. Ce principe eſt la baſe de toute phyſique & de toute hiſtoire. Mais il

d'Héliopolis fur l'antiquité de la population en Egypte (*b*).

» Venez, difaient ces Charlatans facrés vous verrez le long du rivage du Nil un peuple auffi ancien que le monde.

» Vous favez qu'au premier moment où ce globe tourna fur fon axe, un mouvement rapide tendit à féparer l'élément terreftre de l'élément humide, mais comme la terre long-tems abreuvée ne put fe dégager de toute la fange qui couvrait fa furface, le foleil en la pénétrant de fes feux y caufa diverfes fermentations. Il fe forma alors de toutes parts des excroiffances revêtues d'une membrane dé-

---

eft évidemment faux que la Méditerranée ait baiffé de 600 pieds depuis Hérodote. — Laiffons donc le Nil en poffeffion de la gloire d'avoir créé l'Egypte, & ne renverfons pas toute l'antiquité, pour mettre un peu d'ordre dans un fyftême de chronologie.

(*a*) Le fond du fyftême que je vais expofer fe trouve dans Diodore, lib. 1, fect. 1, par. 2 & 5.

liée, ainsi qu'on le voit dans un maré-
cage, quand un soleil ardent vient en
pomper les vapeurs. Ces premiers germes des êtres reçurent leur nourriture de
la rosée, & se fortifièrent insensiblement
par la chaleur du jour ; arrivés à leur ma-
turité, ils se dégagèrent des membranes
qui leur servaient d'enveloppes , & parurent sous la forme de toutes sortes d'a-
nimaux ; ceux en qui la substance ignée
dominait s'élevèrent dans les airs ; ce
sont les oiseaux. Ceux dont le tempéra-
ment était le plus humide se plongèrent
dans les eaux ; ce sont les poissons. Pour
ceux dont l'organisation tenait davantage à la terre dont ils tiraient leur origine, tels que les reptiles , les quadrupèdes & les hommes , ils demeurèrent
sur sa surface.

» L'Egypte est de toutes les régions du
globe , celle qui conserve le plus de ce
limon générateur des êtres. Parcourez la
Thébaïde, quand le Nil s'est retiré & que
le soleil pénètre la fange des campagnes

de ses rayons, vous verrez écloré une foule de rats. La plupart de ces animaux présentent hors de terre une moitié de leur corps déja organisée & vivante, tandis que l'autre retient encore la nature du limon où elle est engagée. C'est ainsi que l'expérience journalière sur l'origine des rats, confirme notre théorie sur l'origine des hommes.

» Philosophes Grecs, nous croyons à votre déluge de Deucalion: mais un petit nombre d'êtres a survécu à cette catastrophe, & alors l'Egypte, exempte de pluies, a dû être leur asyle; ou toutes les races vivantes ont été anéanties, & dans cette hypothèse, c'est encore au sein de l'Egypte que la nature a dû s'essayer à faire des hommes «.

Ainsi parlaient les Prêtres d'Héliopolis à la multitude, qui venait recueillir leurs oracles. L'homme simple croyait, le demi-sçavant doutait, & le Philosophe allait, en riant, créer un autre système.

On demandait ensuite au Prêtre du

Soleil , qui voyait tous les jours le limon de la Thébaïde s'essayer à engendrer des rats , depuis quel tems la nature s'étoit essayée en Egypte à engendrer des hommes , & le Sophiste sacré
ne restait pas sans réponse.

Nous avons remarqué dans l'Histoire
du Monde primitif , que les Physiciens
de la Babylone des Atlantes avaient cal-
culé la fameuse période de la révolution
des fixes , & qu'ils l'avaient trouvée de
36,525 ans. La tradition s'en était conser-
vée dans tout l'Orient, & quand les Prêtres
de l'Egypte s'avisèrent d'écrire, ils adoptèrent cette période astronomique pour lier
leur histoire avec celle du firmament.

La vanité nationale qui avait perverti
l'usage du grand cycle de la révolution
des fixes , osa en assigner l'origine & le
terme. Il embrassait, dit-on, toute l'intervalle de la Monarchie des Pharaons ,
depuis le règne du premier de ses Dieux,
jusqu'à son renversement par Alexandre.
Ainsi l'Egypte , à l'époque du voyage de

Platon à Héliopolis, aurait subsisté en corps de nation, depuis près de trois cents soixante-cinq siècles.

C'était vers le tems où le Prêtre Chaldéen Bérose effrayait les Grecs par les 473,000 ans d'antiquité qu'il donnait à sa nation, que le Prêtre Egyptien Manéthon reculait l'origine de la sienne jusqu'au tems où avait cessé le cahos. Pour remplir l'espace entre le fondateur de la Monarchie & son destructeur, le dernier mettait à la tête de ses dynasties royales un grand nombre de Dieux, & donnait au seul Vulcain un règne de neuf mille ans : cette succession Mythologique était copiée de Bérose ; mais les Grecs instruits n'y croyaient pas plus qu'à la Théogonie d'Hésiode.

Hérodote qui voyagea en Egypte long-tems avant que Manéthon écrivît son Histoire, avait appris des Prêtres d'Héliopolis, que les annales des seuls Pharaons remontaient à 11340 ans. Il rapporte sur leur bonne-foi, que depuis le premier Roi de Thèbes jufqu'à Sethon, il y avait eu trois cents quarante-une générations, trois cents quarante-un Rois & trois cents quarante-un Pontifes (*a*); fynchronifme fingulier qui peut être dans l'ordre de la féerie, mais non dans celui de la raifon.

Le calcul donné par les Prêtres d'Héliopolis à Hérodote, eft d'autant plus fufpeét, que Solon, qui avoit voyagé en Egypte cent ans avant cet Hiftorien, avait appris des Miniftres facrés qui deflervaient le même Temple du Soleil, que la monarchie des Pharaons ne remontait qu'à neuf mille ans (*b*). Cette addition de deux mille deux cents quarante ans à l'ancienne Chronologie, annonce donc un deffein marqué dans les Miniftres du Soleil, de fe jouer de la crédulité d'Hérodote.

(*a*) Hérod. lib. 2.
(*b*) Plat. *in Timæo.*

Varron moins crédule qu'Hérodote, & plus défintéreffé que Manéthon, veut que l'origine de la Monachie Egyptienne ne date que d'environ deux mille ans avant le tems où il écrivait (*a*). Nous n'avons plus les Mémoires fur lefquels ce Sçavant fondait fon calcul ; mais fon autorité eft du plus grand poids fur un fait qui , d'ailleurs , fe concilie fi bien avec l'hiftoire phyfique du globe & avec la raifon.

Il eft évident que l'Egypte, ainfi que nous l'avons déja fait preffentir, n'a pu être policée avant les grandes Monarchies Afiatiques telles , par exemple , que l'Affyrie. Un ciel riant , une terre impregnée de fucs générateurs , le voifinage du Tygre & de l'Euphrate , appellaient naturellement les hommes à Ninive & à Babylone : il n'en eft pas de même de l'Egypte , dont la moitié eft hériffée de

_____

(*a*) Aulugel. *noct. Attic.* lib. 14, cap. 1. St Auguft. de *Civit. Dei*, lib. 18, cap. 48.

rochers, & l'autre fubmergée quatre mois de l'année par le fleuve qui l'arrofe ; fans fes digues & fes canaux elle ne ferait qu'un marais peftilentiel , propre à être habité par des ibis , des crocodiles & des ichneumons.

L'Egypte commença par la Thébaïde, c'eft une fuite naturelle de notre hiftoire des conquêtes fucceffives faites par le Nil fur la mer. La tradition , au refte , s'en eft confervée de tems immémorial en Orient. Il eft vrai que les Arabes qui en font les dépofitaires, l'ont gâtée par leurs Fables Chronologiques. Ce peuple qui, né avec une imagination ardente , n'a guères produit que des Poëtes , même en Hiftoire , rapporte que les premiers Pha-raons régnaient à Syene il y a cinquante mille ans ; alors, difent-ils , la mer baignait les murs de cette première ville de la Thébaïde : enfuite, elle baiffa , & fa retraite laiffa à découvert de grands ter-reins que le limon du Nil fertilifa. Les Monarques de l'Egypte quivoulaient enrichir leur Etat par le commerce maritime, transportèrent près des rivages de la Méditerranée leurs trésors & leur Capitale. Il fallut un intervalle de quarante mille ans pour que les flots laissassent à découvert la plaine qui se trouve entre la haute Egypte & les Pyramides. A cette époque fût bâtie Memphis ; comme le Delta n'a qu'une pente insensible, un petit nombre de siècles suffit pour l'arracher tout-d'un-coup à l'empire de la mer. Telle est l'Histoire Physique de l'Egypte, suivant les Arabes du beau siècle des Califes (a).

Toutes les fables de l'Orient ont un noyau historique. Le noyau de celle - ci c'est la retraite successive de la mer & le commencement de l'Egypte fixé sur les hauteurs de la Thébaïde.

Toutes les données du problême qui

______

(a) *Descript. de l'Egypte* du Consul de Maillet, tome 2, pag. 3.

nous occupe font annoncées : il eft tems de le réfoudre.

L'Egypte eft un pays factice que les atterriffemens fucceffifs occafionnés par le Nil ont fait naître.

Sa première population a commencé fur les hauteurs de la Thébaïde.

Ce font les Ethyopiens qui habitent de tems immémorial au-deffus des cataractes du Nil, qu'il faut regarder comme les peres des Egyptiens.

La Colonie Ethyopienne n'eft defcendue dans la Thébaïde qu'à une époque très-peu reculée, fur-tout quand on veut mettre en parallèle la Monarchie des Pharaons avec celles de Tyr, de Babylone & de Perfépolis (*a*).

(*a*) Nous avons été conduits par la férie philofophique des idées à ces réfultats ; mais comme cette hiftoire des Egyptiens contredit toutes les idées reçues, il faut bien convaincre nos Lecteurs que cet ouvrage peut être tout neuf, fans être un roman. Voici un texte de

Voyons maintenant comment les Egyptiens, le peuple de la terre qui a eu

---

Diodore qui a échappé à tous les Hiftoriens de l'Egypte , & qui contient le germe de prefque tous les faits qui font la bafe de ce chapitre.

’’ Les Ethyopiens fe difent les premiers des ’’ hommes; on convient, du moins affez gé- ’’ néralement, qu'ils font Autochtones. . . . . ’’ Ce peuple ajoute que les Egyptiens font une ’’ de leurs colonies , qui fut menée par Ofiris ’’ dans la Thébaïde. Suivant une tradition de ’’ ces antiques Africains, l'Egypte , au com- ’’ mencement n'était qu'une vafte mer; peu à ’’ peu le Nil , qui entraînait dans fes inon- ’’ dations beaucoup de limon d'Ethyopie, com- ’’ bla le baffin & en fit une partie du conti- ’’ nent. Il fuffit, au refte, d'obferver les em- ’’ bouchures du Nil , pour voir que l'Egypte ’’ entière eft l'ouvrage du Nil ; après l'écou- ’’ lement des eaux , on remarque tous les ans ’’ que la mer a pouffé contre le rivage des ’’ amas extraordinaires de limon , & que le ’’ terrein s'eft exhauffé. On croit auffi en Ethyo- ’’ pie que l'Egypte y a puifé fes dieux , fes

le plus de préfomption, avec le moins de ces talents qui la font pardonner, voyons, dis-je, comment ils s'y font pris pour faire croire à l'Europe que leur pays n'avait point de commencement, & qu'eux-mêmes n'avaient point de peres.

∞ loix & fes hyéroglyphes. *Hiſt. Univ.* lib. 3, parag. 2.

D U
RÈGNE DES DIEUX
EN ÉGYPTE (a).

Il en eſt des Dieux qui ouvrent l'hiſtoire chez les Anciens , comme des machines qui dénouent leurs Tragédies ; les
Ecrivains qui ont employé ces frivoles
moyens , ont cru annoblir le ſujet qu'ils
traitaient , ils n'ont fait que prouver la
faibleſſe de leur génie.

La poſtérité aurait été bien plus embar-
raſſée , ſi les Hiſtoriens de l'Egypte , ſe

(*a*) Je préviens que pour n'être point arrêté
dans la lecture de ce chapitre , il faut avoir
ſous les yeux la planche gravée , qui a pour
titre : *Tables Chronologiques de l'Egypte dans
le ſyſtême de la période de* 36,525 *ans.*

souvenant qu'ils écrivaient pour des hommes, s'etaient contentés d'allonger par des règnes d'hommes les dynasties de leurs Pharaons : il ne nous resterait après tant de siècles que le raisonnement tiré de la nouveauté du Delta, pour convaincre les annales Egyptiennes d'imposture ; & ce raisonnement tout puissant qu'il est, ne ferait encore que glisser sur des Lecteurs qui ne feraient pas Philosophes.

Grace aux dynasties des Dieux, qui précédent, dans l'histoire des Egyptiens, les dynasties des Rois, le mensonge historique est parfaitement à découvert, & l'œil le moins Physicien, est en état de s'en appercevoir.

On vient de voir comment les Prêtres d'Héliopolis trouvant dans les débris de l'Astronomie des Atlantes la fameuse période de la révolution des fixes, la lièrent à leurs annales pour donner à leur pays une antiquité de plus de trois cents soixante cinq siècles ; mais comme tous urs Historiens s'approprièrent la période, ſans ſe concerter entre eux ſur les détails, il ſe trouve que tout eſt contradiction dans la hiérarchie des Dieux-Rois de l'Egypte & dans leur Chronologie.

Le plus ancien monument qui nous reſte, en ce genre, eſt une Chronique antérieure à Manéthon, que Jules Afri-cain nous a conſervée (*a*). On y ſup-poſe que le Soleil, ſucceſſeur de Vul-cain, règna ſeul trente mille ans. Saturne & les douze grands Dieux qu'on voit paraître après dans la Chronologie, gou-vernent l'Egypte pendant un intervalle de trois mille neuf cents quatre-vingt-quatre ans. Huit demi-Dieux les rem-placent, & occupent pendant deux cents dix-ſept ans le trône de la Thébaïde, qu'ils cèdent enſuite aux Pharaons. Pour Vulcain, dont le nom commence ce Ca-talogue romaneſque, la durée de ſon règne n'eſt pas fixée ; mais il faut la ſup-

______

(*a*) Syncell. *Chronograph.* pag. 51.

poser de cent soixante-neuf ans , si on veut concilier la Chronique avec la période.

Hérodote , qui n'était point Astronôme, eut la bonhommie de transcrire les contes Astronomiques des Prêtres d'Héliopolis sur les règnes des Dieux en Egypte ; mais les calculs qu'on lui donna ne s'accordaient point avec ceux de la Chronique. On y évalue à quinze mille ans le seul intervalle écoulé entre Bachus & le Pharaon Amasis , qui fut détrôné par Cambyse (*a*) ; ce qui réduit à un peu plus de deux cents douze siècles la durée entre Bachus & Vulcain , & trahit par conséquent l'imposture des trente mille ans , donnés par la Chronique au règne du Soleil.

Diodore a rassemblé sur la dynastie céleste des Rois d'Egypte , les époques de quatre traditions conservées en Orient.

____

(*a*) Hérodote *in Euterpe ,* vel. lib. 2.

L'une met vingt - trois mille ans entre Ofiris ou Ifis & les conquêtes d'Alexandre, & l'autre n'en compte que dix mille ; la troifième veut que les deux cents trente fiècles fe calculent depuis l'avènement du Soleil au trône de Thèbes, & le dernier évalue à cent quatrevingt fiècles le feul efpace entre le premier des Dieux & Horos fils d'Ofiris (*a*). Tous ces réfultats ne fe concilient, ni avec ceux de l'ancienne Chronique, ni avec ceux d'Hérodote.

Manéthon lui-même, dont l'autorité eft du plus grand poids dans les dynafties des Pharaons, n'en a aucune quand il s'agit de fa dynaftie de Dieux. Tantôt il admet le fyftême de la grande période, & alors il donne neuf mille ans au règne de Vulcain ; tantôt il femble fuppofer que les Dieux - Rois de l'Egypte ne

---

(*a*) Diod. Sicul. lib. 1, fect. 1, parag. 13 & 14, & fect. 2, parag. 3.

font que des héros dont on a fait l'apothéofe, & alors ces quatre-vingt dix fiècles de Vulcain fe trouvent réduits à environ fept cents vingt-quatre ans (*a*). Jamais l'impofture facerdotale des Egyptiens, fur la prétendue antiquité de leur
Monarchie, ne s'eft mieux décelée que
dans ces calculs contradictoires fur la
Chronologie des Dieux-Rois, antérieurs aux Pharaons.

· On ne peut douter que Manéthon, tout
Prêtre d'Héliopolis qu'il était, ne rougit lui-
même de faire fon Egypte auffi ancienne
que le monde ; fes deux calculs fuppo-
fent une double doctrine. Obligé par état
de fe conformer aux opinions du Collége facerdotal, il plia publiquement
les Annales de fon pays au fyftême de la
grande période ; mais il fe dédommagea
enfuite de cette contrainte, en confiant

(*a*) Les deux fyftêmes de Manéthon, font
expofés dans la *Chronographie* du Syncelle.

à ses disciples une Chronologie plus faite pour la raison. Plaignons Manéthon d'être né chez un peuple où il ne pouvait, sans danger, dire la vérité, sur ce qui s'était passé plusieurs mille ans avant lui ; & apprenons à ne jamais faire servir le burin de l'histoire à tromper les hommes.

La doctrine secrète de Manéthon est évidemment la seule que la Philosophie, alors à son aurore, put admettre ; & si la Chronologie qu'elle suppose, regardait un pays moins neuf que l'Egypte, je ne vois pas pourquoi la Philosophie perfectionnée craindrait de l'adopter. Des seize Dieux qu'on voit dans la liste des Prêtres d'Héliopolis, il n'y a que Vulcain dont le règne absurde soit porté au-delà de sept siècles ; tous les autres ont des règnes raisonnables, & celui d'entre eux qui vieillit le plus sur le trône, n'y reste que quatre-vingt-six ans (a).

____

(a) Voyez dans les gravures la planche qui

Le calcul de cette doctrine secrète aurait d'autant plus de droit à notre croyance, qu'à trois siècles près il se rapporte avec celui d'une ancienne Chronique Egyptienne, dont l'Auteur n'admettait point la grande période. Encore, si on réduisait, dans la Chronique, le règne absurde d'Osinosiris, qui est de quatre cents vingt ans, aux trente-cinq ans de durée que lui donne Manéthon dans son système raisonnable, il n'y aurait que cinquante ans de différence entre les deux Chronologies (*a*) ; syncronisme singulier, à une époque où il est aussi pardonnable de se tromper d'un siècle, que d'un an depuis l'Ere de Callisthène.

Malheureusement, le résultat même

---

a pour titre *Chronologie de l'Egypte, depuis le règne des Dieux, jusqu'à l'invasion d'Alexandre.*

(*a*) Voyez le même tableau de la *Chronologie de l'Egypte.*

de la doctrine secrète de Manéthon n'est qu'une erreur. En admettant la dynastie des héros déifiés, Vulcain serait monté sur le trône, il y a huit mille sept cents soixante-sept ans, ce qu'il est impossible de croire, puisque l'Egypte, telle que nous la connaissons, n'est sûrement pas sortie du sein des eaux, il y a quatre-vingt-sept siècles, & qu'au tems d'Homère, Memphis, la première de ses Capitales, n'existait point encore.

Cependant le sçavant Prêtre d'Héliopolis, libre pour sa doctrine secrète des entraves sacerdotales, ne peut être soupçonné d'avoir imaginé les seize règnes qu'il place avant la première dynastie des Pharaons. Cherchons donc à les concilier, sinon avec la Chronologie, du moins avec la raison.

Manéthon, Théïste comme tous les Sages de l'Antiquité, était convaincu que la main puissante de l'Être Suprême ou du Cneph avait vivifié les mondes ; ce Cneph dans la Théologie Hiéroglyphique des Egyptiens était repréſenté tenant dans ſa bouche un œuf, ſymbole de notre globe, d'où paraiſſait éclore le Dieu du Feu Phtha, dont les Grecs ont fait Hephaiſos ou Vulcain (*a*) ; & quand le Prêtre d'Héliopolis a écrit que le premier Roi d'Egypte était Vulcain, il n'a voulu dire autre choſe ſinon que ce globe formé par l'Être ſuprême, était gouverné par ſa Providence. Le Phtha eſt un des attributs du Cneph; Jamblique en convient, Jamblique l'homme de l'Antiquité qui a le mieux connu les myſtères

---

(*a*) Il faut raporter ici le texte original d'Euſèbe. —— *Ægyptii opificem univerſi, quem Cneph appellant, humanâ ſpecie configurarunt.*—— *Hunc porro deum ex ore ovum edidiſſe narrant, ex eo que alium ſatum eſſe deum, qui ab ipſis Phtha, Vulcanus à grœcis nominatur. Ovum autem illud mundum interpretantur, ei que numini ovem conſecrarunt.* Voy. *Prœpar. Evang.* lib. 3, cap. XI.

Egyptiens, & percé le voile de leur allégorie (a).

Peut-être même que les sept cents
vingt-quatre ans de règne que Manéthon
donne à Vulcain, ne désignaient dans
son syſtême ingénieux que le tems qu'il
avait fallu à la Thébaïde pour sortir entièrement du sein des eaux ; je n'affirme
rien ; mais mon doute jette le plus grand
jour dans le cahos de ces premières Annales de l'Egypte.

A Vulcain, le Dieu du feu , succède
Helios ou le Soleil : cette généalogie eſt
toute ſimple. Du feu principe a dû éma-
ner d'abord l'aſtre dont les rayons communiquent la chaleur & la lumière à tous
les mondes de notre syſtême.

Le Soleil , dans l'hiſtoire embléma-

____

(a) *Quatenus vero opifex mens perficit omnia
ſumma cum veritate, & arte. Vocant eum Ægyptii Phtha, graci vero Vulcanum , ſolam artem
in eo conſiderantes.* Voy. *De Myſter. Ægypt.*
ſect. 8, cap. 8.

tique de Manéthon, a dû auffi remplacer Vulcain. En effet, la Thébaïde une fois conquife fur la mer, il fallait que l'aftre du jour, par fes feux bienfaifants, achevât de deffécher les eaux ftagnantes de cette nouvelle région, pour la rendre le triomphe de la nature, & le théâtre de la fécondité.

Manéthon ne donne que quatre-vingt-fix ans de règne au Soleil, tandis qu'il en a donné fept cents vingt-quatre à Vulcain : tout cela s'explique d'après nos principes; il eft bien évident qu'il faut infiniment plus de tems pour qu'un fleuve arrache un pays à l'empire des mers, que pour le voir devenir, par le deffèchement de fes marécages, propre à la culture. La Thébaïde a donc pu être fept fiècles avant de s'étendre d'Elephantine à l'Heptanomide; mais il n'en a pas fallu un entier au foléil brûlant des Tropiques, pour y féconder la nature & y appeller les hommes.

L'Egypte fortie du fein des eaux, & *les*

vapeurs peftilentielles de fes marécages diffipées, il ne manquait à cette terre vierge que d'être cultivée par des mains intelligentes, pour fatisfaire aux befoins des êtres qui pouvaient l'habiter. Voilà l'origine du bon génie ou de l'Agathodaimon qu'on voit fuccéder au Soleil, dans le Catalogue du Prêtre d'Héliopolis. Ce bon génie étoit un des attributs de l'Etre fuprême, & nous ne pouvons mieux le défigner que fous le nom de la Providence. Les Egyptiens, qui avaient tiré fon culte de la Phénicie, le repréfentaient dans leurs hiéroglyphes par un ferpent qui fe mord la queue, fymbole fublime d'un être qui embraffe tous les êtres, & qui n'ayant pu être produit d'un germe, ne peut mourir.

Tous ces faits font atteftés par Sanchoniaton, un des Hiftoriens les moins crédules du monde primitif (a).

____

(a) *Phœnices animal illud (ferpentem) Agathodæmonem vel bonum genium appellant ac*

Le règne d'Agathodaimon est marqué de 56 ans & quelques mois.. Ainsi en réunissant cette durée avec celle des règnes de Vulcain & du Soleil, on trouve plus de huit siècles & demi à retrancher de la dynastie des Dieux Rois de l'Egypte, ce qui rend un peu moins absurde la chronologie de ces tems primitifs. Il est bien plus simple de

---

simili ratione Ægyptii. (Ainsi, à cet égard, la théologie d'Egypte dérive de celle de Phénicie).

Nomen ipsi indentes Cneph. (On donnait à ce bon génie le nom de Cneph ou de l'Etre suprême, parce qu'on confondait l'attribut avec la substance).

Serpens in medio positus circuli qui eum utrinque contingit & conjungit Ægyptiis eum designat. (Ce serpent, qui se mord la queue, était-aussi emprunté de la Phénicie. L'allégorie était trop sublime pour avoir été imaginée par les Adorateurs des Crocodiles).

Voyez sur ce texte de Sanchoniaton, Eusèbe *Præpar. Evangel.* lib. 1, cap. 10.

fuppofer trois tems pour la naiſſance de la population dans la Thébaïde, c'eſt-à-dire, la retraite de la mer, le defſèchement des eaux ſtagnantes par les feux du ſoleil, & la terre ouverte par la culture, développant les germes de ſa fécondité, que de faire tomber, ſur la foi d'Homère, Vulcain du haut de l'Olympe, de conduire dans Thèbes le char du Soleil, & de donner au Nil un bon génie qui n'a pas plus exiſté que celui de Socrate.

Des ſeize Dieux-Rois de Manéthon, il en reſte encore treize, & maintenant que la population eſt née en Egypte, il ſerait abſurde de la faire gouverner par des Hyéroglyphes.

Le ſucceſſeur immédiat d'Agathodai-mon eſt Kronos ou Saturne, que nous avons vu un des Patriaches du monde primitif. Ici la vanité Egyptienne ſe tra-hit, & on voit le néant de la dynaſtie céleſte.

Les Prêtres Hiſtoriens d'Héliopolis,

pour remplir le vuide entre l'Egypte créée & l'Egypte gouvernée par les Pharaons, ne se contentèrent pas de personnifier les attributs de l'Etre suprême : ils s'approprièrent tous les héros étrangers qu'ils rencontrèrent dans les premiers âges, & décorèrent de leurs noms respectés le frontispice de leurs Annales.

Parmi ces héros étrangers, il n'y en avait point de plus célèbres que ceux des Atlantes ; aussi l'Egypte s'empara de leur renommée & de leurs exploits, ce qui lui était d'autant plus aisé, que la plupart d'entr'eux, vrais Paladins errants, avaient eu le monde entier pour patrie, & que pouvant appartenir à toutes les nations, ils n'appartenaient réellement à personne.

Manéthon était trop éclairé pour faire gouverner l'Egypte par des Atlantes, lorsque cette Egypte était encore sous les eaux ; mais enfin il fallait un premier Livre à ses Annales. La tradition des Prêtres était devenue sacrée à force d'antiquité, & il eut la faibleſſe, même dans ſa doctrine ſecrète, de l'adopter.

Il eſt probable qu'il ſe laiſſa déterminer par la durée raiſonnable des règnes de ces héros Atlantes, durée qui ne s'étend jamais au-delà de quarante ans ; il les plaça au-devant de ſes dynaſties des Pharaons, parce qu'il ne vit en eux que des hommes ; & c'eſt ainſi qu'il trouva dans ſa Philoſophie même une excuſe à ſa faibleſſe.

Jettons encore un coup-d'œil rapide ſur ces héros des premiers âges, que nous avons fait connaître dans l'Hiſtoire du monde primitif ; mais pour ne point mettre deux fois les mêmes perſonnages ſur la ſcène, ne nous arrêtons qu'aux détails qui lient leurs exploits aux Annales des Prêtres d'Héliopolis.

KRONOS ou SATURNE. — Ce héros du monde primitif, fournit à la terre un des exemples les plus frappans de l'abus des Renommées ; il avait un père, & il le rendit eunuque ; il avait un frère, & il le fit enterrer vif ; il avait deux enfans, & il leur fit couper la tête.

D'ailleurs, incapable par son caractère d'imprimer une sorte de grandeur à ses crimes, il ne fut que l'esclave couronné de son Grand-Visir, qui se plut à pétrir cette ame de boue & de sang, afin de tourmenter impunément, sous son nom, les hommes que le Dieu du mal lui avait donné à gouverner.

Ce Despote, vil & atroce, ayant été détrôné par son fils, couronna les horreurs de sa vie en donnant aux peuples, qui lui offraient un asyle, le culte fanatique qui apprend à verser le sang des hommes. C'était le seul moyen qui lui restait pour que le mal qu'il avait fait à la terre pût lui survivre.

Ce monstre, qui le croirait ! fut regardé comme un grand homme, par les Historiens mêmes, dont la plume ingénue nous transmit le récit de ses crimes. On donna le nom d'âge d'or au siècle qu'il avait souillé de sa longue tyrannie, & les enfans des malheureux qu'il avait assassinés firent son apothéose (a).

Saturne, suivant Diodore, fut Roi de Sicile, d'Italie & d'Afrique (b). L'Historien ne parle point de l'Egypte ; ce qui démontre bien qu'à cette époque le Delta & l'Heptanomide étaient encore sous les eaux, & que la Monarchie des Pharaons, bornée à la vallée de la Thébaïde, ne méritait pas d'augmenter le nombre des couronnes que le farouche fils d'Ouranos avait accumulées sur sa tête.

L'Egypte, sous Saturne, était un état si faible encore, que ce Prince, qui probablement n'en tirait aucun tribut, le donna en toute souveraineté au

(a) On trouvera les plus grands détails sur la vie de Saturne, *Hist. des Hommes*, partie ancienne, tome 2, pag. 308.

(b) *Hist. Univ.* lib. 3, cap. 3.

Grand-Vifir, qui par la profondeur de fon Machiavélifme, avait affuré l'impunité à tous fes parricides. Nous ne tarderons pas à voir ce Grand-Vifir, devenu Roi, changer tout-à-coup de fyftême de Gouvernement, & effacer, à force de fervices rendus aux hommes, l'opprobre que les attentats de fa jeuneffe devaient imprimer à fa mémoire.

Manéthon fait régner Saturne quarante ans & dix mois en Egypte ; ce qui, probablement, n'a jamais été cru qu'en Egypte.

HERMÈS. — On ne s'attend pas, fans doute, à trouver le Philofophe Hermès dans l'abominable Grand-Vifir qui pervertit l'ame de Saturne. Cependant Sanchoniaton le dit expreffément dans fa Cofmogonie, & il faut ou rejetter ce fameux monument Phénicien, ou avouer que le beau génie qui éclaira fon fiècle, fut d'abord un fcélérat digne du bûcher.

Hermès, n'eft que le mot Grec fous

lequel le premier Legiſlateur des Egyptiens eſt connu ; ſon vrai nom eſt Thout ou Thaut (*a*), mais une terminaiſon ſi dure bleſſait des oreilles Athéniennes, & on ſacrifia à la délicateſſe du goût la vérité de l'Hiſtoire.

Le nom de Mercure qu'on donna auſſi à cet homme célèbre, ne fait que rappeller le conte de la Mythologie Grecque, qui lui fait aſſaſſiner Argus, pour ſervir les Amours de Jupiter. Le Dieu des voleurs eſt, au reſte, bien peu fait pour repréſenter l'Atlante, qui donna au monde dégénéré les premiers élémens des ſciences.

On ignore où naquit cet homme célèbre ; Sanchoniaton fait entendre qu'il était Phénicien. L'Auteur de la Chronique d'Alexandrie rapporte une tradition où on lui donne l'Italie pour pa-

---

(*a*) Cicéron l'appelle Thoyt, & atteſte les prodiges que fit en Egypte ſa légiſlation. *De Natur. Deor.* lib. 3, cap. 22.

trie (*a*). L'Egypte, où il régna, veut qu'il naquit fur les bords du Nil. Toutes ces contradictions ne font pas aifées à concilier : mais peu nous importe, puifque la folution du problême ne jetterait aucun jour, ni fur l'ordre de la dynaftie célefte de Manéthon, ni fur fa chronologie.

Hermès fut d'abord le Secrétaire de Saturne (*b*). Admis par fa place à la plus intime confidence du Defpote, il parvint à gouverner l'Empire fous le nom de cette ftatue couronnée ; heureux s'il n'avait pas fait fervir fes talens à confacrer la tyrannie, & fi au lieu de prendre l'ame petite & cruelle du fils d'Ouranos, il avait entrepris de lui donner la fienne !

Comme les tyrans ne récompenfent jamais que les crimes, fur-tout lorfqu'ils

***

(*a*) *Chronicon. Pafchale*, édit. Parif. pag. 44.

(*b*) Sanchon. dans Eusèbe, *Prapar. Evangel.* lib. 1, cap. 9.

leur sont utiles, Saturne fit son Minis-
tre Roi d'Egypte; cette erreur politique lui coûta cher : comme le génie
d'Hermès contenait l'indignation publique, à son départ le feu du volcan,
long-tems concentré, se réveilla ; Saturne, isolé sur son trône, voulut, à
son ordinaire, faire couler le sang,
& il fut détrôné.

L'Egypte, bornée à la longue vallée
de la Thébaïde, était, au reste, bien
peu faite pour remplir les desirs effré-
nés de l'ambition. Le simple ministère,
dans le vaste empire de Saturne, était
au-dessus d'une si mince couronne. Hermès, exilé dans cette Egypte dont on
l'avait fait Roi, ne vit qu'un moyen
de donner à son génie toute la sphère
d'activité qu'il pouvait embrasser; ce fut
de créer le pays qu'il était destiné à
gouverner, & de lui donner à la fois
des hommes, des loix & des lumières. Il y réussit, comme nous l'avons
exposé dans l'histoire du monde pri-

mitif (*a*) ; & nous ne pouvons à cet
égard qu'analyſer nos propres recherches.

Hermès, pour mériter d'être le Légiſlateur de la patrie qu'il avait adoptée, commença par étudier les produc-
tions de la nature & les mœurs des
hommes chez les nations les plus éclai-
rées de notre continent. On dit qu'il
le parcourut depuis les rivages du Gange,
juſqu'au lieu où le Rhin ſe perd dans
les ſables. Ce voyage ſçavant fut long-
tems après, le modèle de ceux des Pythagore & des Zoroaſtre.

Il eſt probable qu'Hermès fit un long
ſéjour dans l'Inde, puiſqu'il y compoſa
un Traité d'Aſtronomie que les Brames
de Benarès ont conſervé, & dont ils
font le plus grand cas. Le Roi de France

––––––––––––––––––

(*a*) *Hiſt. des Hommes*, partie ancienne, tom.
2, pag. 336. Nous avons même été contraints
malgré nous, pour être clairs, d'en tranſcrire
quelques paragraphes.

a une copie du manuſcrit dans ſa bibliothèque (*a*).

Ce Voyageur couronné, de retour en Egypte, s'occupa à la civiliſer. Il commença par réunir les dialectes groſſiers & informes de ſes peuples, & il en forma une langue qui n'eſt pas dépourvue d'harmonie; il déſigna par des noms caractériſtiques une infinité de choſes uſuelles, & fixa la penſée fugitive en donnant naiſſance à l'écriture.

Le nouveau Légiſlateur s'occupa enſuite de divers règlemens utiles à une ſociété naiſſante; il inventa les meſures & les balances; il créa une gymnaſtique inconnue juſqu'à lui, & preſcrivit une forme particulière pour les ſacrifices.

Enfin, perſuadé qu'un peuple doit avoir des mœurs douces, afin de ne point rendre inutile le frein de ſes loix,

---

(*a*) Elle eſt ſous le Nº. 13-9-B. Elle fut achetée à grand prix par Deliſle le Géographe.

il donna à fes nouveaux fujets cette harmonie des fons qu'on appelle mufique, & cette harmonie des mots qu'on nomme éloquence.

On voit qu'en général les arts agréables ne parurent point indignes des regards d'Hermès : il affujettit à des règles l'art de la danfe, & il inventa la lyre.

La peinture occupa fur-tout fes loifirs. Sanchoniaton prétend qu'il tira les portraits de Saturne & des Princes de fa maifon ; mais il obferve qu'il ne fit en cela qu'imiter Ouranos. C'eft l'art de la peinture qui conduifit Hermès à faire ufage des hyéroglyphes.

L'Hiftorien de la Phénicie nous a donné quelques détails fur les hyéroglyphes d'Hermès. C'était une forte de deffins au fimple trait qu'on liait enfemble pour répondre à l'ordre des penfées. On peignait fidèlement ces objets phyfiques ; on était un peu plus embarraffé pour rendre les objets intellectuels ;

mais l'imagination suppléait alors au vuide des tableaux ; c'est ainsi qu'Hermès donna à Saturne quatre yeux, dont deux se fermaient & deux restaient ouverts alternativement, pour représenter la vigilance nécessaire aux hommes qui gouvernent. C'est ainsi que les Constructeurs des pyramides dessinèrent, après lui, un serpent qui se mord la queue, pour en faire le symbole, soit de la providence, soit de l'éternité.

Hermès fit des hyéroglyphes une espèce d'alphabet qui constitua la langue sacrée dont les Prêtres étaient les dépositaires ; mais il est probable qu'il employa les simples caractères Egyptiens pour transmettre à la postérité les élémens des sciences qu'il grava sur des colomnes, & qu'on voyait encore sous les premiers Césars dans les Syringes de la Thébaïde (*a*).

(*a*) Ces Syringes étaient des labyrinthes sou-

Il fallait que ces colomnes du Législateur de l'Egypte fussent un monument digne des regards des Philosophes de tous les âges, puisque Platon & Pythagore vinrent les consulter pour mériter d'être les Législateurs l'un de la Grèce & l'autre de l'Orient (*a*).

On prétend que les Prêtres Egyptiens, pour rendre les élémens des sciences encore plus respectables, instituèrent un culte à ces colomnes (*b*). Moins leurs

---

terreins creusés par les Hyérophantes des Myftères, qui, ayant appris qu'il devait y avoir un nouveau déluge, tracèrent fur les murs le tableau de leurs cérémonies, pour en éternifer la mémoire. Voy. *Ammian. Marcell.* lib. 22.

Ces Syringes renfermaient les colomnes dépofitaires du génie d'Hermès, & des lumières qu'il avait répandues en Orient.

(*a*) *Juxta antiquas Mercurii columnas, quas Plato & Pythagoras, ante eum, lectitantes, philofophiam inde conftituerunt.* Voy. Jamblich. *de Myfteriis*, lib. 1, cap. 2.

(*b*) Voy. Jablouski, *Pantheon. Ægyptiorum*, lib. 5, cap. 5.

adorateurs purent en déchiffrer les caractères, & plus leur vénération augmenta. Telle eſt la religion de la multitude.

Maintenant que les colomnes d'Hermès ſont anéanties, il eſt aſſez difficile de déterminer. de quelles ſciences elles renfermaient les élémens; ce que nous avons dit à cet égard dans l'hiſtoire du monde primitif, ſe réduit à d'heureuſes conjectures.

Il eſt probable qu'Hermès inventa les obéliſques terminés par un globe dont l'ombre marque le cours du ſoleil. Ces gnomons Egyptiens remontent à la plus haute antiquité, & on en voyait avant Moyſe dans Héliopolis (*a*).

Il apprit à ſes peuples la route apparente du ſoleil dans le ciel, combinée avec le cours de la lune; & pour dreſſer une eſpèce de carte céleſte fondée ſur

---

(*a*) Joſeph. *contr. Appion.* lib. 2, cap. 1.

ses observations, il traça sur l'airain de ses colomnes deux serpens, de tems immémorial emblême de l'année ; & il leur donna la forme tortueuse & circulaire du caducée.

Nous avons déja observé combien cette carte astronomique rendait d'une manière ingénieuse la double révolution du soleil & de la lune ; il est certain que la ligne tracée par les serpens représente avec assez d'exactitude l'écliptique sur laquelle les astres, tantôt unis, tantôt séparés , font leur cours. Pour rendre l'analogie encore plus frappante, il se trouve que les nœuds où les deux serpens se joignent sont le symbole des équinoxes.

Ce caducée était donc destiné originairement à désigner l'année des Astronomes ; mais lorsque l'esprit observateur dégénéra sur le globe, il ne devint plus qu'un frivole attribut d'Hermès, & les Grecs en firent une espèce de baguette de héraut d'armes qu'ils donnèrent à

Mercure pour exécuter les ordres de Jupiter.

Il eſt encore infiniment probable qu'Hermès trouva les jours intercalaires que nous connaiſſons ſous le nom d'épactes, ce qui rapprocha l'année civile de l'année des Aſtronomes.

Enfin on ſoupçonne, par le nombre des volumes que compoſa Hermès, que cet homme célèbre connut la fameuſe période du mouvement des fixes. Ce nombre d'ouvrages fut, dit-on, de 36,525. Comme il ferait impoſſible à un ſeul homme de les lire, à plus forte raiſon de les faire, il a bien fallu expliquer cette eſpèce d'énigme par quelque cycle aſtronomique; or, celui qui en donne la ſolution eſt, en effet, la grande révolution que nous indiquons: révolution connue en Aſie un grand nombre de ſiècles avant Hermès, & ſur laquelle les Prêtres d'Héliopolis fondèrent la frivole chronologie de leurs dynaſties.

On ne fait point combien de tems vécut Hermès. Manéthon, Sanchoniaton & Diodore n'en difent rien. Mais à en juger par l'âge qu'il devait avoir quand Saturne l'éleva au Miniftère, & par les grandes chofes qu'il fit en Egypte, lorfqu'on lui donna ce pays à gouverner, on ne peut lui donner moins de trente ans de règne & de cent ans de vie.

OSIRIS & ISIS. — Les Egyptiens, après avoir pris aux Atlantes leur Saturne, s'approprièrent leur Bachus (*a*). Ce dernier eft vraiment l'Ofiris de Manéthon (*b*). Il a joué un rôle auffi écla-

---

(*a*) Voyez les plus grands détails fur ce héros des premiers âges, *Hiftoire des Hommes*, tome 3, page 7. — Nous avons été obligés, pour nous faire entendre, d'extraire de ce Chapitre du Monde primitif, ce qui concerne le règne de ce Conquérant en Egypte. Nous en avons même tranfcrit quelques paragraphes.

(*b*) Hérod. lib. 2. Diod. Sicul. lib. 1, & Plutarch. *de Ifide & Ofiride.*

tant que celui d'Hermès dans le pays où il a donné des loix, & quoi qu'il ait vécu dans l'âge des fables, il mérite qu'on s'occupe de lui dans une histoire des hommes.

Comme le Bacchus Atlante que les Prêtres d'Héliopolis ont travesti sous le nom d'Osiris, n'appartient que d'une manière indirecte aux Egyptiens, il n'est pas étonnant qu'ils aient placé son règne à trois époques différentes. Une tradition de l'orient voulait qu'il se fût écoulé vingt-trois mille ans entre l'avènement de ce héros & les conquêtes d'Alexandre ; & quand les Grecs vinrent éclairer les Historiens du Nil sur le néant de leur chronologie, ceux-ci réduisirent cet intervalle à cent siècles. Le calcul de Manéthon est encore moins absurde, quoi qu'il se trouve dans sa dynastie d'intelligences célestes ; car il bornerait cet espace écoulé à 5822 ans (a). Pour nous,

____

(a) Voyez dans les gravures les deux plan-

nous n'entreprendrons pas de lier l'âge des fables avec le beau siècle d'Alexandre.

La mythologie n'eſt pas moins confuſe ſur la naiſſance d'Oſiris que ſur l'époque de ſon règne ; car elle lui donnait trois pères, Saturne, le grand Jupiter & un Roi Africain nommé Jupiter Ammon.

Les Egyptiens n'adoptaient, au reſte, cette généalogie, qu'autant qu'elle pouvait ſe concilier avec la tradition de leur pays qui faiſait naître Oſiris dans la Thébaïde. Leur vanité aurait été trop humiliée, s'ils avaient fait venir d'une contrée étrangère le héros qui les avait gouvernés.

Ce Prince, parvenu à l'âge où la nature dit de ſe propager, épouſa Iſis ſa ſœur, uſage long-tems adopté par les

---

ches qui ont pour titre *Tables Chronologiques & Chronologie de l'Egypte.*

Souverains de l'Egypte, qui regardaient l'incefte comme un des priviléges les plus précieux de leur couronne.

Quand Ofiris parvint au trône, l'Egypte, malgré fon peu d'étendue, était partagée en plufieurs monarchies ; car on dit qu'Hermès vivait encore, & que ce fut de ce Neftor que notre premier Télémaque apprit l'art de régner.

Il y avait, à cette époque, le long des rivages du Nil, ou plutôt fur la pointe des montagnes qui bordent ce fleuve, des hommes féroces qui mangeaient leurs femblables. Ofiris, en faifant naître autour d'eux d'utiles végétaux, les ramena infenfiblement à la nature, & dès-lors il n'y eut plus d'Antropophages.

Ce Prince fut le premier qui cultiva la vigne & qui apprit ainfi aux hommes à diffiper les nuages de la trifteffe en les tranfportant fur leur raifon.

Il raffembla des hordes errantes, & bâtit pour elles la fameufe Thèbes aux cent portes , qu'il appella Diofpolis.

La crédulité Egyptienne fait élever à cette époque à fon héros deux temples d'or maffif, comme fi dans ces premiers âges, de pareils monumens avaient pu fe conftruire, même en exploitant toutes les mines connues du globe! comme s'il fe trouvait des Artiftes capables de cifeler des temples d'or dans un pays encore affez barbare pour être habité par des Antropophages!

Ofiris, ajoutent les annales Egyptiennes, flatté de faire au monde le bien qu'il avait fait à fon pays, affembla une grande armée qu'il deftina à cette conquête pacifique du globe ; car fon objet n'était point d'envahir des Etats qui ne lui appartenaient pas, mais d'exterminer la race des brigands qui les infeftaient, de propager les arts, & de faire par-tout refpirer en paix le génie & la vertu.

Le Héros, avant de partir, établit Ifis Vice-Reine de l'Egypte, lui donna Hermès pour confeil, Hercule pour Général d'armée , & commença enfuite fa campagne mémorable.

Ofiris traverfa l'Ethyopie & l'Arabie où il fut reçu comme un Dieu tutélaire ; il alla de-là dans l'Inde bâtir une ville de Nyfa , & revint dans l'Europe par l'Hellefpont , érigeant par-tout des colomnes comme un monument de fes victoires.

Quoi qu'Ofiris fût parti de l'Egypte dans le deffein de civilifer le globe , plutôt que de le conquérir , il eut un grand nombre d'obftacles à furmonter : il trouva fur fa route des Républicains qui ne voulurent point accepter les fervices qu'on voulait leur rendre les armes à la main , & il eut la faibleffe de les punir de leur réfiftance , ce qui eft une tache à fa mémoire.

Les Hiftoriens varient fur les fuites des conquêtes d'Ofiris. Les uns veulent qu'il rentra en Egypte , & qu'il y jouit , de fon vivant , des honneurs de l'apothéofe.

D'autres Ecrivains, & c'eſt le plus grand nombre, dénouent d'une manière ſanglante le roman de ſa vie, & il y a encore une étrange variété ſur les détails de ce tragique évènement.

Suivant une tradition orientale, les Titans ſoulevés par les Thraces, dont Oſiris avait fait mettre le Souverain en croix, défirent ce conquérant, le prirent ſur le champ de bataille, & après avoir coupé ſon corps en morceaux, le firent bouillir dans une chaudière.

Une tradition Egyptienne raconte différemment la mort d'Oſiris. Ce Prince, dit-on, avait un frère nommé Typhon, jaloux, depuis long-tems, de ſon trône & de ſa gloire. Durant le cours de ſon expédition en Aſie, ce Prince ne put occaſionner aucun trouble en Egypte à cauſe des regards d'Iſis qui ſurveillaient ſon ambition ; mais au retour du Roi, Typhon ſe mit à la tête d'une conjuration, aſſaſſina Oſiris, & partagea ſon cadavre en vingt-ſix morceaux qu'il diſtribua aux vingt-six complices de son parricide.

Plutarque raconte avec d'autres détails encore, la mort cruelle du conquérant de l'Inde. Suivant ce Philosophe, Typhon eut recours à un stratagême qui n'est guères dans nos mœurs. Il donna un grand dîner à son frère & y invita une Reine d'Ethyopie & soixante-douze autres convives qui étaient tous membres de sa conspiration. Au milieu de l'yvresse du festin, on apporta un coffre de la grandeur d'un homme, où l'Artiste avait épuisé son goût & sa magnificence. Tout le monde admirait à l'envi la beauté de la sculpture, & Typhon promit d'en faire présent à la personne qui le remplirait le plus exactement de son corps. Chaque convive entra à son tour dans le coffre ; Osiris eut l'imprudence de s'y mesurer aussi : alors on ferma le couvercle sur lui. On fit couler du plomb fondu dans une de ſes ouvertures, & on précipita le tout dans la Méditerranée (a).

De tous les récits ſur la mort d'O-ſiris, il n'y en a point qui s'accorde mieux avec Manéthon & avec la logi-que des faits, que celui du premier com-plot de Typhon. C'eſt auſſi celui ſur lequel notre plume doit s'arrêter.

Iſis, inſtruite de l'aſſaſſinat de ſon époux, s'occupa à recouvrer tous les lambeaux d'un cadavre qui lui était cher, & elle y réuſſit. Tout fut recou-vré, à l'exception de l'organe généra-teur que ſa veuve fit repréſenter en cire, & qui, ſous le nom de Phallus, obtint un culte obſcène & des ſacri-fices.

Iſis, non contente de ce délire reli-gieux de ſa tendreſſe, fit faire en cire autant de momies d'Oſiris qu'elle avait trouvé de parties de ſon corps déchiré :

____

(a) Plutarch. *de Iſide & Oſiride.*

elle mit un de ces lambeaux dans chaque momie, & les donna à diverses sociétés de Prêtres, en les assurant toutes, à part, qu'elle les faisait dépositaires du cadavre entier de son époux. Pour augmenter la foi que ces Colléges Sacerdotaux pouvaient avoir en ses discours, elle leur assura la propriété du tiers de l'Egypte; alors les Prêtres trompés, mais enrichis, établirent un culte particulier pour Osiris, & donnèrent le plus grand éclat à son apothéose.

Le tombeau du Dieu massacré par Typhon, se montrait à la fois dans une ville Arabe de Nysa & dans une isle de la Thébaïde. Le premier de ces monumens avait une inscription en caractères sacrés que Diodore a pris la peine de traduire (a).

» Je suis le Roi Osiris, qui, suivi d'une armée formidable, ai parcouru la

____

(a) Lib. 1, cap. 15.

» terre entière, depuis les sables inha-
» bités de l'Inde, jusqu'aux glaces de
» l'Ourse, & des sources de l'Ister aux
» rivages de l'Océan. Le monde, dont
» j'ai été le bienfaiteur, a hérité de mes
» découvertes.

Osiris périt, suivant Plutarque (*a*), la vingt-huitième année de son règne, &, suivant Manéthon, la trente-cinquième. Qu'on n'oublie pas que toute cette chronologie n'est que celle de l'âge des fables.

TYPHON. Parmi les peuples soumis au pouvoir absolu, il est dans l'ordre que l'assassin d'un Roi lui succède. Aussi Typhon succéda à Osiris, & conserva vingt-neuf ans la couronne qu'il avait usurpée, malgré Isis, qui avait l'inexpérience de son fils à défendre & la cendre de son époux à venger.

Typhon se maintint sur son trône par

______

(*a*) *De Iside & Osiride.*

les crimes qui l'y avaient fait monter ;
il inonda fon Palais de fang humain ;
auffi fa mémoire fut-elle en horreur dans
l'Egypte ; on ne l'y défigna que fous le
nom du mauvais génie, & on emprunta,
pour le peindre, les traits de l'Arimane
de la Perfe.

Les Grecs qui aimaient beaucoup les
rêveries mythologiques des Egyptiens,
parce qu'elles prêtaient à l'imagination
de leurs Poètes, firent de Typhon leur
Typhée. On fait que ce dernier était
un géant à cent têtes (*a*), né de Junon, fans le fecours d'un père (*b*), qui
fe faifait un jeu d'efcalader le ciel en
entaffant montagnes fur montagnes, &
qui enfin, frappé de la foudre par Jupiter, fe trouva enféveli fous les rochers de l'Etna, caufant, depuis tant de
fiècles, par les fecouffes convulfives de

(*a*) Héfiod. *Theogon.* verf. 821-824.

(*b*) Stefichor. apud autorem *Etymologiçi* in
voce *Typhæus.*

fon corps à demi embrafé, les éruptions du volcan & les tremblemens de terre de la Sicile.

Pour le Typhon Egyptien, l'antiquité dépofe que c'était un homme né d'un homme feulement ; il avait le vifage blafâtre & les cheveux roux (*a*). Auffi lorfque le fanatifme facerdotal eut perverti la religion primitive, en haine de Typhon, on ne choifit long-tems que des hommes roux pour les offrir en facrifice (*b*).

L'affaffin d'Ofiris paffa fa vie à machiner des complots contre fa veuve & fon fils ; fes trames eurent même un fuccès momentané, car il trouva moyen de faire égorger Horos par les Titans, qu'il avait eu l'art d'intéreffer à la révolution.

Nous avons déja parlé de cet évène-

____

(*a*) Plutarch. *de Ifide & Ofiride.*
(*b*) *Diod. Sicul.* lib. 1.

ment dans l'hiftoire de Phénicie, où Manéthon avait fans doute puifé la plupart
des héros de fa première dynaftie. Ifis,
privée de fon époux, ne tenait plus à
la vie que par fon fils. Cette mère ten-
dre après avoir parcouru, pour le trouver, le continent de l'Afie, s'embarqua
fur un monoxyle, fe flattant de le ren-
contrer dans le fein des mers ; l'amour
maternel qui multipliait fes forces, lui
permit, quelque tems, d'agiter des ra-
mes pefantes ; mais enfin, épuifée de
fatigue, elle fe lève & détache fon voile
de la partie antérieure de fa tête, pour
effuyer la fueur qui inonde fon vifage ;
en ce moment le vent enfla cette gafe
légère ; ce fut un trait de lumière pour
Ifis ; elle preffentit l'art de maîtrifer les
vents, & fe hâta d'en faire part aux
hommes.

Tout en cherchant Horos, l'héroïne
Egyptienne fit une découverte encore
plus précieufe que celle de la voile : ce
fut le grand-œuvre ; on ajoute qu'elle fe

servit de son secret non-seulement pour ressusciter son fils, mais encore pour lui donner l'immortalité (*a*).

Typhon se trouva bien faible auprès d'un ennemi, qui, grace à l'Alchymie, ne pouvait plus mourir. Aussi il fut vaincu & livré enchaîné à Isis. Cette Princesse n'abusa point de son triomphe; persuadée que les remords du tyran suffisaient pour son supplice, elle lui ôta ses fers & lui rendit la liberté. Typhon, qui ne respirait que pour nuire, ralluma bientôt en Egypte le feu de la guerre civile. Horos marcha contre lui une seconde fois, le prit sur le champ de bataille, & le fit précipiter dans le Nil. Sa tyrannie avait duré vingt-neuf ans, suivant le Prêtre-Historien d'Héliopolis.

Horos. — Ce fils d'Osiris, qui dut son immortalité à la pierre philosophale,

---

(*c*) Tous ces contes furent faits à Diodore. Voy. *Histor. Univ.* lib. 1, sect. 1, par. 14.

eſt, dit-on, l'Apollon des Grecs (*a*)
Comme Apollon, il a rempli la terre
du bruit de ſes aventures, & on en
peut voir le détail dans les Métamor-
phoſes. Mais, comme Horos, il n'a
jamais ouvert les bouches de la renommée. Son règne, ſtérile en évènemens,
n'a pas même été embelli par ces fables
ingénieuſes qui tiennent lieu d'hiſtoire
ancienne aux peuples qui n'ont point
d'antiquité; on ſe contente de le faire
régner 25 ans dans la Thébaïde, &
Manéthon, qui ſans doute ne croyait
pas au grand-œuvre, le fait mourir à
cette époque, comme ſi c'était un ſimple Pharaon.

Pour Iſis, on ne la voit plus reparaître dans les annales Egyptiennes. Si
elle a ſurvécu à Horos, elle devait avoir,

(*a*) Tous les Anciens s'accordent ſur ce ſu-
jet. Voy. Hérod. lib. 2. Diod. Sicul. lib. 1,
Macrob. *Saturnal.* lib. 1. Plutarch. *de Iſide &*
Oſiride.

à fa mort, l'âge & les rides des cen‑
tenaires. Au refte, les Adeptes difent
que le breuvage qui donne l'immortalité
ramène auffi la jeuneffe.

Les Arabes, qui n'ont jamais laiffé
propager chez eux la doctrine merveil‑
leufe des Adeptes, montraient à Nyfa
le tombeau d'Ifis, avec cette infcription
fur une colomne du monument.

  » Je fuis Ifis, fœur & femme d'O‑
» firis, & mère du Roi Horos. J'ai gou‑
» verné le pays où repofe ma cendre.
» Hermès m'a appris l'art de régner, &
» les loix que j'ai données à mes fu‑
» jets ne feront jamais abolies ; c'eft
» moi qui la première ai appris à l'homme
» à être frugivore ; j'ai bâti la ville de
» Bubafte, & devenue immortelle je
» me lève dans le ciel avec l'étoile de
» la canicule (a).

ARES ou MARS. — Ici la chaîne de la

(a) *Diod. Sicul.* lib. 1, fect. 1, par. 15.

dynaftie eft rompue, & l'impofture des Prêtres d'Héliopolis paraît dans tout fon jour.

Ares ou Artes eft le nom qu'on donnait, dans l'Orient, à la planète de Mars (*a*), & la planète de Mars n'eft autre que l'aftre qu'Hercule anima après fon apothéofe. Voilà pourquoi Memphis & Babylone la connurent fous le nom de l'étoile d'Hercule (*b*).

On ne connaît ni le père, ni la poftérité, ni les évènemens du règne de cet Ares; tout ce qu'on fait de ce perfonnage phantaftique, c'eft qu'il gouverna l'Egypte vingt-trois ans.

Il eft évident que Manéthon, pour remplir l'intervalle entre la fortie de l'Egypte de deffous les eaux & le règne

(*a*) Voyez Vettius Valens dans Selden *de Diis Syris*, fyntag. 1, cap. 6.

(*b*) *Stellam Herculis vocant, quam reliqui Martis appellant* Macrob. *Saturnal.* lib. 3, cap. 11.

des premiers Pharaons, a forcé la plupart des héros du monde primitif à entrer dans fa famille d'intelligences céleftes ; tel eft en particulier l'Hercule oriental dont nous avons rapporté les exploits au commencement de cet ouvrage (*a*), & qui, ne tenant à l'Egypte que par un menfonge hiftorique, ne doit pas reparaître une feconde fois dans fes dynafties.

Le feul fil qui lie ce héros étranger aux annales Egyptiennes, eft la conjecture de Diodore, qu'Ofiris partant pour fa conquête pacifique du globe, laiffa à Ifis un Hercule pour commander fes armées (*b*). Mais l'âge feul de cet Ares-Hercule dépoferait contre fon exiftence ; à lui fuppofer feulement vingt ans quand Ofiris monta fur le trône, il fe trouve-

(*a*) *Hift. des Hommes*, partie ancienne, tome 3, pag. 38.

(*b*) *Hiftor. Univ.* lib. 1, fect. 1, cap. 9.

rait

rait qu'il en aurait eu cent dix quand il succéda lui-même à Horos ; ce qui ne se concilie ni avec la durée raisonnable de la vie des hommes à cette époque, ni avec la tradition universelle sur le suicide d'Hercule.

ANOUBIS. — Voici un fils d'Osiris qui reparaît sur la scène, soixante-sept ans après la mort de son père. C'est le bon Plutarque qui est le garant de sa généalogie.

S'il faut en croire cet Historien Philosophe (a), Osiris avait une sœur nommée Nephthy, qui avait épousé Typhon. La Princesse, qui n'aimait pas les tyrans, sur-tout quand ils avaient le teint blafard & les cheveux roux, s'était glissée furtivement dans le lit d'Osiris, & celui-ci se croyant dans les bras d'Isis, l'avait rendue mère. Anoubis,

____

(a) *De Iside & Osiride.* Voyez aussi Diodore *loc. citat.*

c'eſt le nom de l'enfant adultérin , fut
expoſé à ſa naiſſance, mais Iſis le trouva
dans ſon berceau & l'éleva. Comme il
annonça de bonne heure que la guerre
ferait ſon élément, Oſiris frappé de ſa
valeur naiſſante , le mena avec lui à la
conquête du monde.

Malheureuſement toute cette généalogie ne ſe concilie point avec la chronologie de Manéthon. A ne donner au
bâtard de Nephthy que quarante ans à
la mort de ſon père (qui en régna 35),
il ne ferait monté lui-même qu'à 107,
ſur le trône d'Egypte. Je ſuis tenté de
croire qu'en tout ſens cet Anoubis n'eſt
qu'un enfant trouvé.

On dit qu'Anoubis, dans l'expédition
mémorable qu'il fit avec ſon père, afin
d'inſpirer plus de terreur, portait ſur ſes
épaules une dépouille de chien. Cette
tradition engagea les Prêtres, qui firent
ſon apothéoſe, à repréſenter le nouveau
Dieu avec une tête de chien , & c'eſt
en effet ſous cette forme étrange qu'on

l'expofe à la vénération des peuples dans la fameufe table Ifiaque & dans tous les hyéroglyphes.

Ce culte d'un Dieu chien fe perpétua dans l'Egypte jufques fous les premiers Céfars ; & la ville qui s'en fit le centre , en prit le nom de Cynopolis (a).

Anoubis , dans le roman chronologique de Manéthon, régna dix-fept ans; d'où il s'en fuivrait qu'il ferait mort à cent vingt-quatre , ce qui eft pofitivement la durée de la vie de notre Annibal de Marfeille.

HÉRACLES. — Ce nouvel Hercule n'eft ni l'Ares de Manéthon, ni le fameux Héros de l'Orient, ni le bâtard d'Alcmène. Cicéron , fur une tradition Egyptienne, le fait fils du Nil (b); comme fi le fleuve qui avait créé le pays, de-

---

(a) Strab. *Géograph.* lib. 15.
(b) *De Natura Deorum,* lib. 3 , cap. 16.

vait auffi engendrer les Dieux qu'il adore !

Hérodote nous a tranfmis fur cet Hercule, fils du Nil, beaucoup de contes dont les Prêtres d'Héliopolis avaient bercé fa crédulité (*a*).

Il prit un jour fantaifie au Héros de voir Jupiter dans fa gloire ; mais ce Dieu ne le voulait point ; il en avait coûté fi cher à Sémélé, fa maîtreffe, pour avoir obtenu une pareille faveur ! Comme Hercule infiftait, Jupiter, qui ne voulait point défobliger le héros dont il preffentait l'apothéofe, coupa la tête d'un mouton, fe revêtit de fa peau ; & ayant ainfi tempéré l'éclat de fes rayons, fe rendit vifible à Hercule. Depuis cette époque, ajoute le Père de l'Hiftoire, on ne tue plus de moutons dans la Thébaïde.

Hérodote, après avoir rapporté cette

(*a*) *Euterpe* vel *lib.* 2.

tradition Egyptienne, tranfcrit la fable Grecque qui lui fert de commentaire. Hercule, de retour d'une de fes expéditions de Paladin, étant entré dans la Thébaïde, fut arrêté par les habitans & conduit en pompe pour être immolé à Jupiter. Le héros ne réfifta point & fe laiffa amener jufqu'aux pieds de l'autel ; mais lorfqu'il vit le coutelas facerdotal fur fa tête, il fe reffouvint qu'il était Hercule ; & raffemblant toutes fes forces, il maffacra, lui feul, le Prêtre, fes Miniftres, & tout le peuple qui affiftait au facrifice. — Dans l'âge des fables, quand on tue ainfi une partie des habitans d'un pays, on mérite de régner fur ceux qui leur furvivent.

L'Hercule qui a le Nil pour père, ne règne que quinze ans en Egypte, dans la dynaftie phantaftique de Manéthon.

Apollon. — Nous avons vu Hérodote, Diodore, Plutarque & Macrobe s'accorder à trouver Apollon dans Horos, le fils d'Ofiris. Pour concilier ces Ecrivains avec Manéthon, il faut fuppofer qu'Horos, que l'Alchymie avait rendu immortel, alla voyager dans d'autres planètes pendant cinquante-cinq ans, & revint, à cette époque, gouverner une feconde fois l'Egypte. Tous ces prodiges ne coûtent rien à la baguette d'un Adepte, & il faut l'être un peu pour mettre de l'ordre dans cette dynaftie.

L'Apollon revivifié régna, dit-on, encore vingt-cinq ans dans la Thébaïde, enfuite il difparut (*a*).

AMMON. — Voici un Dieu double dans le catalogue de Manéthon. Toute l'antiquité s'eft accordée à regarder Am-

---

(*a*) Ce règne de 25 ans que Manéthon donne également à Horos & à Apollon, ne prouverait-il pas que c'eft le même perfonnage que par le défordre des manufcrits on voit reparaître deux fois fur la fcène ? Il y a déja tant d'erreurs dans la chronographie du Syncelle d'où font tirés les catalogues de Manéthon, que celle-ci, toute fingulière qu'elle eft, mériterait à peine d'être remarquée.

mon comme le Jupiter Egyptien (*a*),
& nous allons le voir reparaître sous le
nom de Zéus, à la fin de la dynastie.

Ce n'est pas qu'une critique vulgaire
ne tentât de concilier, avec la logique,
la tradition des deux Jupiters.

Plutarque, qui a tant raisonné & déraisonné sur Isis & Osiris, rapporte,
d'après Eudoxe, qu'un Jupiter Egyptien
(c'est sans doute Ammon) naquit étran-
gement conformé ; ses deux jambes n'en
formaient qu'une ; & comme il lui était
impossible de marcher, il restait caché
dans le fond d'un désert. Isis, qui avait
tous les secrets de la nature, même ceux
qui la contredisent, tels que le grand-
œuvre, vint voir l'infortuné, sépara ses
deux jambes, & le rendit un homme
ordinaire ; de-là il n'eut qu'un pas à

(*a*) Voy. Hérod. lib. 2. Diod. Sicul. lib. 1.
Plutarch. *de Iside & Osiride.* Jamblich. *de
Myster.* sect. 8 , cap. 3. Cels. apud Origenem
advers. Cels. lib. 5.

faire pour devenir Roi d'Egypte , &
enfuite Dieu.

On ignore la généalogie de cet Ammon ; les Africains de la plaine de fables , où dans la fuite on lui éleva un
temple , fe contentent de dire que ce
fut par la grace d'Ofiris qu'il devint
Roi de l'Egypte. Comme fa jeuneffe &
fon inexpérience le rendaient alors incapable de gouverner, on le fubordonna
à une efpèce de Maire de Palais, nommé
Olympe. Le Monarque apprit de lui
les arts & la vertu, s'y diftingua, & de-
là lui vint le furnom d'Olympien (a).

Tout ce récit eft fort bien imaginé ;
malheureufement fon abfurde chronologie en décèle l'impofture. Ammon ,
contemporain d'Ifis & d'Ofiris, devait
avoir plus de cent cinquante ans quand
il fuccéda à Apollon. La tradition Afri-
caine liée avec le récit d'Eudoxe eft

____

(a) *Diod. Sicul.* lib. 3.

encore plus infoutenable ; car alors l'Elève royal d'Olympe aurait gouverné l'Egypte pendant tout cet intervalle, ce qui anéantirait la perfonne des Typhon, des Horos & des quatre autres dieux de la dynaftie.

Manéthon, qui probablement s'inquiétait peu de toutes ces difficultés, & qui ne voulait qu'un nom pour le placer dans fa dynaftie, fait occuper pendant trente ans à fon Ammon le trône de la Thébaïde.

TITHOÈS. — On ne connaît point du tout ce Dieu Roi de l'Egypte. Fourmont, fur l'analogie du nom, veut que ce foit l'Othoès de la fixième dynaftie des Pharaons (*a*) ; comme il pourrait, par le même motif, être auffi Athotis, Touthmofis, ou même le fameux Taaut, Grand-Vifir de Saturne, nous le laifferons à

(*a*) *Réflexions critiques fur les Hiftoires des anciens Peuples*, tom. 1 , pag. 373.

la place où le met Manéthon, sans garantir son règne de vingt-sept ans, ni même son existence.

Sosos. — Je serais un peu plus tenté de prendre ce Dieu Roi de Manéthon pour le Sazyches de Diodore, parce que ne se trouvant pas dans les dynasties des Pharaons, sa place est indiquée naturellement dans la dynastie de dieux qui les précède. « Sazyches, dit l'Historien » de Sicile, fut un homme d'un génie » distingué, que *l'Egypte* mit au rang » de ses premiers Législateurs. Il per-» fectionna les institutions sociales, épura » le culte des immortels, & donna à » ses peuples une méthode neuve pour » observer la marche des planètes. On » le fait passer aussi pour l'inventeur de » la géométrie (*a*). — Manéthon fait régner ce Prince trente-deux ans dans la Thébaïde.

____

(*a*) *Hist. Univ.* lib. 1, sect. 2, parag. 35.

ZÉUS OU JUPITER. — Voici le dernier héros que Manéthon, qui cherchait à remplir le vuide des annales de l'Egypte entre sa population primitive & le règne de ses Pharaons, a dérobé aux Atlantes.

Nous avons déja parlé fort au long au commencement de cet ouvrage de la personne de Jupiter (a), & une frivole analogie de nom ne nous engagera pas à le ramener de nouveau sur la scène.

Il est évident que ce second Jupiter ne peut être l'Ammon dont nous venons de parler, qui naquit monopède, & à qui Isis apprit à marcher.

Il n'est pas non plus le fameux fils de Saturne qui détrône son père & dispose de la foudre. Il faudrait lui donner plus de trois cents ans quand il commença à régner.

(a) *Hist. des Hommes*, part. ancienne, tom. 2, pag. 562.

On peut encore moins le confondre avec le Jupiter de la Crète, qui mourut dans son lit aussi obscur qu'il avait vécu. Il est vrai, comme nous l'avons déja observé, que les Crétois, voyant la fortune qu'avait faite dans l'Europe le Jupiter Atlante, tentèrent de lier son histoire avec celle de leur petit Souverain. Mais leurs Mythologistes ne firent que de vains efforts. Le tombeau du Jupiter Crétois, que les insulaires avaient eu la faiblesse de conserver, déposait sans cesse contre l'autel, & les étrangers ne purent jamais se persuader que le Prince, dont on montrait la cendre dans une petite isle de la Méditerranée, fût l'ordonnateur des mondes.

Il faut redire encore que ce nom de Zéus, que Manéthon donne à son second Jupiter Egyptien, signifie le Dieu vivant: nom sublime dont il nous semble que l'Etre suprême doit être le plus jaloux, après celui de père des hommes.

Le Dieu vivant du Prêtre d'Héliopolis, ne régna que vingt ans.

Ici se termine l'âge des fables, &
nous allons quitter l'Olympe phantasti-
que de Manéthon, pour entrer dans un
monde habité par des hommes.

Fin du Tome IX de l'Histoire Ancienne.

TABLE

DES CHAPITRES

DU TOME NEUVIÈME

DE L'HISTOIRE ANCIENNE,

OU DE

L'HISTOIRE DES ÉGYPTIENS.

Fin de la Table des Chapitres.

www.ingramcontent.com/pod-product-compliance
Lightning Source LLC
LaVergne TN
LVHW050206030726
842520LV00002B/403